山海经

苗中泉 ◎ 校注

北方联合出版传媒（集团）股份有限公司
万卷出版公司

ⓒ 苗中泉 2018

图书在版编目（CIP）数据

山海经 / 苗中泉校注. — 沈阳：万卷出版公司，2018.8

ISBN 978-7-5470-4819-1

Ⅰ.①山… Ⅱ.①苗… Ⅲ.①历史地理 – 中国 – 古代 ②《山海经》 – 注释 Ⅳ.①K928.631

中国版本图书馆CIP数据核字(2018)第062449号

出 品 人	刘一秀
出版发行	北方联合出版传媒（集团）股份有限公司 万卷出版公司 （地址：沈阳市和平区十一纬路25号 邮编：110003）
印 刷 者	辽宁新华印务有限公司
经 销 者	全国新华书店
幅面尺寸	146mm×210mm
字　　数	300千字
印　　张	11.125
出版时间	2018年8月第1版
印刷时间	2018年8月第1次印刷
责任编辑	胡　利
责任校对	高　辉
封面设计	范　娇
装帧设计	展　志
ISBN 978-7-5470-4819-1	
定　　价	49.80元
联系电话	024-23284090
传　　真	024-23284448

常年法律顾问：李　福　版权所有　侵权必究　举报电话：024-23284090
如有印装质量问题，请与印刷厂联系。联系电话：024-31255233

目录

卷一 南山经	001
卷二 西山经	024
卷三 北山经	074
卷四 东山经	114
卷五 中山经	134
卷六 海外南经	221
卷七 海外西经	231
卷八 海外北经	241
卷九 海外东经	252

卷十 海内南经	259
卷十一 海内西经	267
卷十二 海内北经	277
卷十三 海内东经	290
卷十四 大荒东经	294
卷十五 大荒南经	306
卷十六 大荒西经	318
卷十七 大荒北经	332
卷十八 海内经	342

卷一　南山经

南山经

【原文】

南山之首①曰䧿②山。其首曰招摇之山,临于西海之上,多桂,多金玉。有草焉,其状如韭而青华③,其名曰祝馀④,食之不饥。有木焉,其状如榖而黑理,其华四照,其名曰迷榖⑤,佩之不迷。有兽焉,其状如禺⑥而白耳⑦,伏行人走,其名曰狌狌⑧,食之善走。丽䴥⑨之水出焉,而西流注于海,其中多育沛⑩,佩之无瘕疾⑪。

【注释】

①首:意为第一。

②䧿:同"鹊"字。

③青华:青,表颜色;华,同"花"。

④祝馀:草之名,即贝母。《五藏山经传》卷一曰:"祝馀即贝母,苗

招摇之山有兽焉，其状如禺而白耳，伏行人走，其名曰狌狌。堂庭之山多棪木，多白猿。猨翼之山多怪兽，多蝮虫，多怪蛇，多怪木。

似大蒜，青华。根作瓣如贝子，拔之有顷渐堕，如祝者时一俯屈，故名。"

⑤榖：构树。陶弘景注《本草经》云："榖即今构树也；榖构古同音，故榖亦名构。"

⑥禺：音"遇"，猕猴。《说文》释曰："母猴属，头似鬼，似猕猴而大，赤目长尾，亦曰猕猴。"郭璞《山海经》注云："禺似猕猴而长，赤目长尾。"

⑦白耳：长着白色的耳朵。

⑧狌狌：袁珂注，即猩猩。

⑨丽𪊨：河流名称；𪊨，同"𪊨"，音"几"，大獐。《说文》释曰："𪊨似獐而大，狗足。"

⑩育沛：即琥珀。郭璞《山海经》注云："未详。"《石雅·珍异》释曰："窃谓育沛即琥珀也。"中国医药数据库以"育沛"为"琥珀"别称。

⑪瘕疾：现代一般理解为腹腔内硬结肿块之病，如肝硬化、脾肿大等。瘕，音"假"，郭璞云："虫病也。"中医以腹内结块、推之可移、痛无定处为瘕。

【原文】

又东三百里，曰堂庭之山，多棪木，多白猿，多水玉①，多黄金②。

【注释】

①水玉：郭璞云："水玉，今水精也。"水精，即水晶。

②多黄金：谓此地黄金矿藏丰富。黄金，颜师古注《汉书·食货志》曰："金谓五色之金也，黄者曰金，白者曰银，赤者曰铜，青者曰铅，黑者曰铁。"《汉书·食货志》又云："金有三等，黄金为上，白金为中，赤金为下。"孟康释之曰："白金，银也；赤金，丹阳铜也。"

【原文】

又东三百八十里,曰猨①翼之山②,其中多怪兽③,水多怪鱼,多白玉,多蝮虫④,多怪蛇,多怪木,不可以上⑤。

【注释】

①猨:同"猿"字。

②猨翼之山:袁珂以为当为"即翼之山"。

③怪:奇异,不寻常,罕见也。兽:野兽,猛兽。

④蝮虫:有学者推测为当今之蝮蛇或五步蛇。虫,音"毁",郭璞云:"蝮虫,色如绶文,鼻上有针,大者百余斤,一名反鼻;虫,古虺字。"

⑤不可以上:此处可以理解为山中危险,而人不适合上去。

【原文】

又东三百七十里,曰杻①阳之山。其阳②多赤金,其阴多白金。有兽焉,其状如马而白首,其文③如虎而赤尾,其音如谣④,其名曰鹿蜀,佩⑤之宜子孙⑥。怪水出焉,而东流注于宪翼之水。其中多玄⑦龟,其状如龟而鸟首虺尾,其名曰旋龟,其音如判木⑧,佩之不聋,可以为底⑨。

【注释】

①杻:音"纽"。

②阳:山南或水北谓之阳。

③文：同"纹"。

④如谣：郭璞注《山海经》云："如人歌声。"《尔雅·释乐》云："图歌谓之谣。"

⑤佩：郭璞注《山海经》云："佩谓带其皮毛。"

⑥宜：《诗经·桃夭》："宜其家室。"《说文》释之曰："宜，所安也。"朱熹《诗集传》释之曰："宜者，和顺之意。"按，郭璞《山海经图赞》有诗云："鹿蜀之兽，马质虎文；骧首吟鸣，矫足腾群；佩其皮毛，子孙如云。"盖"宜子孙"可理解为多子多孙、子孙和乐之意。

⑦玄：表颜色，黑色或者黑红色。《说文》释之曰："黑而有赤色者为玄。"《小尔雅》曰："玄，黑也。"

⑧判木：郭璞云："如破木声。"

⑨为底：意指龟甲可以用来刮磨脚底的老茧。为，动词，治疗的意思。底，同"胝"（音"指"），脚底茧子。郭璞云："底，蹦也；为，犹治也。《外传》曰，疾不可为。"

【原文】

又东三百里，曰柢①山，多水，无草木。有鱼焉，其状如牛，陵居②，蛇尾有翼，其羽在魼③下，其音如留牛④，其名曰鯥⑤，冬死而夏生⑥，食之无肿⑦疾。

【注释】

①柢：音"底"。

②陵居：《素问·异法方宜论》云："其民陵居而多风。"王冰注曰："居

室如陵，故曰陵居。"林亿等新校正云："大抵西方地高，民居高陵，故多风也，不必室如陵矣。"盖"陵居"当作"居于陵"解，即栖息于高陵之上。

③胠：同"胁"，音"区"，即"肋"。郭璞注《山海经》云："亦作肋。"袁珂引郝懿行注《山海经》云："《广雅》云，胠，肋也。经作胠者，盖同声假借字。"

④留牛：袁珂注："留牛未详。"《东山经》首段说鱅鱅之鱼"其状如犁牛"，郭璞注"犁牛"云："牛似虎文者。"袁珂以为犁牛即留牛，盖留、犁音相近。郭郛《山海经注证》以为，留牛即"瘤牛"，颈项上有凸起，鸣声较大。

⑤鲑：音"陆"，郭郛《山海经注证》以为鲑即鲮鲤，又名穿山甲。

⑥冬死而夏生：可以理解为动物界冬眠而夏苏的现象。郭璞注云："此亦蛰类也。谓之死者，言其蛰无所知，如死耳。"

⑦肿：郝懿行引《说文》云："肿，痈也。"郭郛注云："肿块或化脓性炎症。"

【原文】

又东四百里，曰亶爰①之山。多水，无草木，不可以上②。有兽焉，其状如狸③而有髦④，其名曰类⑤，自为牝牡⑥，食者不妒。

【注释】

①亶爰：音"蝉原"。

②不可以上：观本段描述，与前文猨翼山之多怪兽、极度危险大不相同，故此处或可理解为山陡峻，而人无法攀登之意。

③狸：音"离"，郭璞注曰："狸子。"郭郛注云："豹猫，或狸猫类

统称。"

④髦：音"毛"，郭璞注曰："髦或作发。"郭郭注云："髦，粗硬而长的毛。"

⑤类：郭璞注曰："类或作沛。"郭郭据《中国动物志·食肉目》以为，"类"即大灵猫的古称，又称灵猫、灵狸。乃我国有名的香料动物。

⑥自为牝牡：谓雌雄同体也。牝，音"聘"，雌性鸟兽。牡，音"亩"，雄性鸟兽。

【原文】

又东三百里，曰基山。其阳多玉，其阴多怪木。有兽焉，其状如羊，九尾四耳，其目在背，其名曰猼訑①，佩之不畏②。有鸟焉，其状如鸡而三首六目、六足三翼，其名曰𪄀𩿧③，食之无卧④。

【注释】

①猼：音"博"。訑：音"事"。

②不畏：郭璞注云："不知恐畏。"

③𪄀𩿧：音"厂付"；古本亦作"鹜𩿧"，音"敝付"，郭郭以为此物乃白色锦鸡。

④无卧：可以理解为精神亢奋而睡不着觉。郭璞注云："使人少眠。"

【原文】

又东三百里，曰青丘之山，其阳多玉，其阴多青䕙①。有兽焉，其状如狐而九尾②，其音如婴儿③，能食人，食者不蛊④。有鸟焉，其状如鸠,其音若呵⑤,名曰灌灌⑥,佩之不惑。英水出焉,南流注于猨翼之泽。其中多赤鱬⑦,其状如鱼而人面,其音如鸳鸯,食之不疥⑧。

【注释】

①䑇:音"获",郭璞注曰:"䑇,黝属,音狱。"《说文》曰:"䑇,善丹也。"郭郛注曰:"青色颜料,与丹青近意。"此处可理解为一种青色的矿物颜料,若石青、白青等。古人以此来涂饰物表。

②狐而九尾:郭璞注云:"即九尾狐。"

③音如婴儿:可以理解为其鸣叫声与婴儿声音相似。

④食者不蛊:郭璞注云:"啖其肉令人不逢妖邪之气。"这里可以理解为吃了这种动物的肉,人可以不受妖邪之气入侵,或者不中蛊毒,不生蛊病。蛊,或以为蛊毒,或以为多种疾病。《黄帝内经·素问·玉机真藏论》云:"脾传之肾,病名曰疝瘕,少腹冤热而痛,出白,一名曰蛊。"

⑤呵:音"喝",意谓声音大而有怒气。郭璞注云:"如人相呵呼声。"

⑥灌灌:袁珂引《吕氏春秋·本味篇》云:"肉之美者,猩猩之唇,獾獾之炙。高诱注曰,獾獾,鸟名,形则未闻。獾,一作获。"袁珂以为高诱所言之"獾獾"即灌灌,一种鸟类。郭郛以为灌灌即今日之鹳。

⑦鱬:音"如",袁珂以为鱬即人鱼之类。郭郛据《中国古代动物学史》以为鱬乃是儒艮。存疑。此处可粗略理解为娃娃鱼。

⑧食之不疥:此处可以理解为,食后无不良反应。疥,郝懿行注《山海经》引《说文》云:"疥,搔也。"郭璞注云:"疥,一作疾。"

基山有兽焉，其状如羊，九尾四耳，其目在背，其名曰猼訑；有鸟焉，其状如鸡而三首六目、六足三翼，其名曰鹡䳠。青丘之山有兽焉，其状如狐而九尾；有鸟焉，其状如鸠，其音若呵，名曰灌灌。英水出焉，南流注于猨翼之泽。其中多赤鱬，其状如鱼而人面，其音如鸳鸯。

【原文】

又东三百五十里,曰箕①尾之山,其尾踆②于东海,多沙石。汸③水出焉,而南流注于淯④,其中多白玉。

【注释】

①箕:音"基"。

②踆:音"蹲"。郭璞注曰:"踆,古蹲字,言临于海上,音蹲。"《淮南子·精神训》云:"日中有踆乌。"高诱注之曰:"踆,犹蹲也。"《庄子·外物》云:"尧与许由天下,许由逃之;汤与务光,务光怒之。纪他闻之,帅弟子而踆于窾水。"

③汸:音"方",一作"涝"。

④淯:音"育"。

【原文】

凡①䧿山之首,自招摇之山,以至箕尾之山,凡十山,二千九百五十里。其神状皆鸟身而龙首。其祠②之礼③:毛用④一璋⑤玉瘗⑥,糈⑦用稌⑧米,一璧,稻米⑨、白菅⑩为席⑪。

【注释】

①凡:总计之意,这里可以理解为总体而言,或者综上所述。

②祠:祭祀。

③礼:祭祀的仪式。

④毛用:郭璞注云:"言择牲畜取其毛色也。"袁珂注曰:毛谓祀神所

用毛物也,猪、鸡、犬、羊等均属之。均不确切。孙见坤本邹睿智之说,疑"毛用"当作"屯用",亦即"全用",意指祭祀时用纯色无瑕的玉。

⑤璋:古玉器名,顶端呈三角状。郭璞注:"半圭为璋。"

⑥瘗:音"义",意为埋葬。郑玄《周礼注疏》云:"瘗,谓若祭地祇,有埋牲玉者也。"

⑦糈:音"许",祭神用的好米。郭璞注云:"糈,祀神之米名。"王逸注《离骚》"巫咸将夕降兮,怀椒糈而要之"句曰:"糈,精米,所以飨神。"

⑧稌:音"图",即稻米。郭璞注曰:"稌,稬稻也。"郭郛以为,稌即黏稻,即与酿酒有关的稻类。

⑨一璧,稻米:四字在各本中均无合理解释,疑为衍文。

⑩菅:音"间",茅草之类的植物。郭璞注曰:"菅,茅属也。"

⑪席:供席、铺垫。郝懿行云:"席者,藉以依神。"

南次二经

【原文】

南次二①经之首,曰柜②山,西临流黄③,北望④诸𣬈⑤,东望长右⑥。英水⑦出焉,西南流注于赤水,其中多白玉,多丹粟⑧。有兽焉,其状如豚,有距⑨,其音如狗吠,其名曰狸力,见⑩则其县多土功⑪。有鸟焉,其状如鸱⑫而人手⑬,其音如痺⑭,其名曰鴸⑮,其名自号⑯也,见则其县多放士⑰。

【注释】

①次二：即第二。次，等第，表示顺序。

②柜：音"矩"，郭璞注云："音'矩'。"郝懿行、袁珂等本从之。

③流黄：征诸《海内西经》及《海内经》，知"流黄"为国名，即流黄酆氏、流黄辛氏。见袁珂注。

④望：眺望。按，《玉篇》曰："望，远视也。"此处可引申为临近。

⑤毘：音"皮"。

⑥诸毘、长右：郭璞注云："二者皆山名。"袁珂注曰："诸毘亦水名。"

⑦英水：英水河，此处的英水河与青丘山的英水河同名，但并无直接关系。

⑧丹粟：丹红色的细沙粒。郭璞注云："细丹沙如粟也。"

⑨距：雄鸡爪子后面突出像脚趾的部分，可以大致理解为鸡爪。《说文》释曰："距，鸡距也。"《汉书·五行志》："不鸣不将无距"，注曰："距，鸡附足骨，斗时所用刺之。"

⑩见：同"现"，出现。

⑪土功：土木之功，即营造、建设之事。

⑫鸱：音"吃"，一种凶猛的鸟，又名鸱鹰。也可理解为猫头鹰一类的鸟。

⑬人手：此处当理解为这种鸟的足爪与人的手形状相似。据郭璞注："其脚如人手。"

⑭𪄀：音"备"，鸟名。

⑮ 鴸：音"朱"。

⑯ 自号：自呼其名。

⑰ 放士：被放逐的人，可以引申为罪人。陶潜《读〈山海经〉》诗之十二有云："鹓鹓见城邑，其国有放士。"逯钦立注之曰："放士，被放逐的人士。"

【原文】

东南四百五十里，曰长右之山，无草木，多水。有兽焉，其状如禺而四耳，其名长右，其音如吟①，见则其郡县大水。

【注释】

①如吟：郭璞注："如人呻吟声。"

【原文】

又东三百四十里，曰尧光之山。其阳多玉，其阴多金。有兽焉，其状如人而彘鬣①，穴居而冬蛰，其名曰猾褢②，其音如斫木③，见则县有大繇④。

【注释】

① 彘：音"制"，大猪；《小尔雅》释曰："彘，猪也。"鬣：音"猎"；马、狮子等动物颈上的长毛；按，《广雅》释曰："鬣，毛也。"

② 褢：音"怀"。

③ 音如斫木：意谓声音与砍树时发出的声音相似。斫，音"卓"，用刀斧砍。

④繇：音"摇"，徭役。或以为大乱。郭璞注曰："谓作役也。或曰其县是乱。"袁珂以为，古体字繇、乱相似，容易认错，故有郭璞之说。

【原文】

又东三百五十里，曰羽山。其下多水，其上多雨，无草木，多蝮虫。

又东三百七十里，曰瞿父之山，无草木，多金玉。

又东四百里，曰句①馀之山，无草木，多金玉。

【注释】

①句：音"勾"。

【原文】

又东五百里，曰浮玉之山。北望具区①，东望诸毗②。有兽焉，其状如虎而牛尾，其音如吠犬，其名曰彘，是食人。苕③水出于其阴，北流注于具区，其中多鮆鱼④。

【注释】

①具区：大湖的名称，即太湖。郭璞注："具区，今吴县西南太湖也。"
②诸毗：郭璞注，水名。毗，音"皮"。
③苕：音"条"。
④鮆鱼：即刀鱼。郭璞注曰："鮆鱼狭薄而长头，大者尺余，太湖之中今饶之，一名刀鱼。"鮆，音"此"。

【原文】

又东五百里,曰成山。四方而三坛①,其上多金玉,其下多青䨼,闲②水出焉,而南流注于虖③勺,其中多黄金④。

【注释】

①坛:土筑的高台,一般用于祭祀、会盟等。《说文》释"坛"曰:"祭坛场也,除地曰场,曰墠,于墠筑土曰坛。"马融注《尚书·周书·金縢》"为三坛同墠"云:"坛,土堂也。"
②闲:音"史";郭璞注曰"音涿",依王念孙与袁珂改之。
③虖:音"呼"。
④黄金:此处应当理解为金砂。

【原文】

又东五百里,曰会①稽之山,四方,其上多金玉,其下多砆石②。勺水出焉,而南流注于湨③。

又东五百里,曰夷山,无草木,多沙石,湨水出焉,而南流注于列涂。

又东五百里,曰仆勾之山,其上多金玉,其下多草木,无鸟兽,无水。

又东五百里,曰咸阴之山,无草木,无水。

【注释】

①会：音"快"。

②砆石：像玉一样的石头。砆，音"夫"。郭璞注曰："砆，武夫石，似玉。"

③洓：音"菊"；古河流名称。

【原文】

又东四百里，曰洵①山。其阳多金，其阴多玉。有兽焉，其状如羊而无口，不可杀②也，其名曰𤢖③。洵水出焉，而南流注于阏之泽④，其中多芘蠃⑤。

【注释】

①洵：音"旬"。

②不可杀：这里可以理解为杀不死。郝懿行注之曰："不可杀，言不能死也，无口不食，而自生活。"

③𤢖：音"患"。

④阏之泽：一个名为阏的大湖。阏，郭璞注曰："此字音'遏'。"

⑤芘蠃：紫色的螺蠃。芘，音"皮"，疑此字当为"茈"字；蠃，音"裸"。

【原文】

又东四百里，曰虖勺之山，其上多梓枏①，其下多荆杞②。滂水出焉，而东流注于海。

【注释】

①梓：音"仔"，山楸树。枏：同"楠"，一种大树。郭璞注曰："梓，山楸也；枏，大木，叶似桑，今作楠，音'南'。"或以为枏即梅树。《说文》释之曰："枏，梅也。"

②杞：郭璞注曰："枸杞也，子赤。"

【原文】

又东五百里，曰区吴之山，无草木，多沙石。鹿水出焉，而南流注于滂水。

又东五百里，曰鹿吴之山，上无草木，多金石。泽更之水出焉，而南流注于滂水。水①有兽焉，名曰蛊雕，其状如雕而有角，其音如婴儿之音，是食人。

【注释】

①水：王念孙疑此处"水"字乃衍字。

【原文】

东五百里，曰漆吴之山，无草木，多博石①，无玉。处于东海②，东望丘山③，其光载出载入④，是惟日次⑤。

凡南次二经之首，自柜山至于漆吴之山，凡十七山，七千二百里。其神状皆龙身而鸟首。其祠：毛用一璧瘗，糈用稌。

【注释】

①博石：即博弈之石，一种石头的名字，可以用来制作下棋的棋盘。郭璞注曰："可以为博基石。"

②东海：据袁珂诸人考证，"东海"当作"海东"。

③丘山：郭郭以为，丘山或者望丘山即舟山岛或舟山群岛。

④载出载入：可以理解为光芒四射、熠熠夺目。郭璞注之曰："神光之所潜耀。"载，表示两个动作同时进行的古词。用法与"载歌载舞"相同。

⑤日次，即太阳升落的地方。郭璞注之曰："是日景之所次舍。"次，旅行居止之处所。

南次三经

【原文】

南次三山之首，曰天虞之山。其下多水，不可以上。东五百里，曰祷过之山，其上多金玉，其下多犀兕①，多象。有鸟焉，其状如䴔②，而白首、三足、人面，其名曰瞿如，其鸣自号也。泿③水出焉，而南流注于海。其中有虎蛟④，其状鱼身而蛇尾，其音如鸳鸯，食者不肿，可以已⑤痔。

【注释】

① 犀：即犀牛。兕：即雌犀牛，音"似"。
② 㺔：音"交"。郭璞注云："㺔似兔而小，脚近尾。"
③ 㫰：音"银"。
④ 虎蛟：水中非鱼非蛇的怪蛟。郭璞注曰："蛟似蛇，四足，龙属。"
⑤ 已：治愈。

【原文】

又东五百里，曰丹穴之山，其上多金玉。丹水出焉，而南流注于渤海①。有鸟焉，其状如鸡，五采②而文③，名曰凤皇④，首文曰德⑤，翼文曰顺，背文曰礼，膺⑥文曰仁，腹文曰信。是鸟也，饮食自然⑦，自歌自舞，见则天下安宁。

【注释】

① 渤海：即潮水波荡之大海。又，郭璞注云："渤海，海岸崛崎头也。"据孙见坤解，此处渤海，乃是指因海深入陆地而造成的海岸弯曲，并非现在为中国内海的渤海。然而郭、孙之解，于上下文不通。渤，形容水涌之样。元稹《有酒》诗云："鲸归穴兮渤溢，鳌载山兮低昂。"
② 采：同"彩"。
③ 文：同"纹"；意谓条形图案。
④ 凤皇：即凤凰。
⑤ 首文曰德：这里不能简单直接理解为头部的花纹名为"德"纹，而应当解作头部的花纹形状与上古"德"字相似，下同。

⑥膺：音"英"，胸也。
⑦饮食自然：毕沅释为"饮食自若"，意谓自由自在地饮食；今人蔡林波以为，此处"饮食自然"，乃是道家经典术语，系"饮食元气"之义，是对生命本质能量"元气"的汲取，是对生命本然状态及活动方式的表达。"饮食自然"与"自歌自舞"一道，构成了契合宇宙生命运动本质节律的象征形式。蔡解足供参考。

【原文】

又东五百里，曰发爽之山。无草木，多水，多白猿。汎水出焉，而南流注于渤海。

又东四百里，至于旄①山之尾，其南有谷，曰育遗，多怪鸟，凯风②自是出。

【注释】

①旄：音"毛"。
②凯风：即南风，《诗经·邶风·凯风》有"凯风自南，吹彼棘心"之句。郭璞注《山海经》曰："凯风，南风。"

【原文】

又东四百里，至于非山之首，其上多金玉，无水，其下多蝮虫。

又东五百里，曰阳夹之山，无草木，多水。

又东五百里，曰灌湘之山，上多木，无草。多怪鸟，无兽。

又东五百里，曰鸡山，其上多金，其下多丹雘。黑水出焉，而南流注于海。其中有䱃①鱼,其状如鲋②而彘毛,其音如豚③,见则天下大旱。

【注释】

①䱃:音"专";《说文》曰:"鱼也。"
②鲋:音"付";鲫鱼。
③豚:小猪也。

【原文】

又东四百里,曰令丘之山,无草木,多火①。其南有谷焉,曰中谷,条风②自是出。有鸟焉,其状如枭③,人面四目而有耳,其名曰颙④,其鸣自号也,见则天下大旱。

【注释】

①多火:据郭郭注证,令丘山很可能是今广东霞山、狮子山,以前曾是火山口。则此处"火",可以理解为火山喷发之后的岩浆火。
②条风:即东北风,又名融风,郭璞注之曰:"东北风为条风。"高诱注《淮南子·天文训》"距日冬至四十五日条风至",一则曰,条风乃"艮卦之风,一名融"。《史记·律书》有言:"条风居东北,主出万物。条之言条治万物而出之,故曰条风。"或以为条风为东风,《淮南子·地形训》云:"东方曰条风。"
③枭:一种凶狠的鸟,即猫头鹰。《说文》释之曰:"枭,不孝鸟也。日至捕枭磔之,从枭头在木上。"

④颙：郭璞注曰：音"娱"。

【原文】

又东三百七十里，曰仑者之山，其上多金玉，其下多青䨼。有木焉，其状如榖而赤理，其汁①如漆，其味如饴②，食者不饥，可以释劳③，其④名曰白䓘⑤，可以血玉⑥。

又东五百八十里，曰禺槀⑦之山，多怪兽，多大蛇。

又东五百八十里，曰南禺之山，其上多金玉，其下多水。有穴焉，水出辄入，夏乃出，冬则闭⑧。佐水出焉，而东南流注于海，有凤皇、鹓雏⑨。

凡南次三山之首，自天虞之山以至南禺之山，凡一十四山，六千五百三十里。其神皆龙身而人面。其祠皆一白狗祈⑩，糈用稌。

右⑪南经⑫之山，大小凡四十山，万六千三百八十里。

【注释】

①汁：可理解为树木渗出的汁液。
②饴：音"宜"，用麦芽制作的糖。《说文》曰："饴，米煎也。"《广雅》曰："饴，畅也。"
③劳：烦恼、忧愁。高诱注《淮南子·精神训》曰："劳，忧也。"
④其：这里指的应该是"木"，而非"其汁"。
⑤䓘：音"羔"。
⑥血玉：一种极为罕见的白玉中带一丝红色脉络的玉器。在这里

"血"做动词,即染成血色之意;"血玉"当理解为将玉染成血红色。

⑦藁:音"搞"。

⑧闲:这里可以理解为壅塞不通。

⑨鹓雏:一种凤凰类的鸟。郭璞注曰:"亦凰属。"鹓,音"渊"。

⑩祈:祈祷,请求。郭璞注曰:"祈,请祷也。"

⑪右:古人行文自右而左,自上而下,故此处之"右",等同于今日之"上述"。

⑫经:当解作"经文"之意。

卷二 西山经

西山经

【原文】

西山经华山之首,曰钱来之山,其上多松,其下多洗石①。有兽焉,其状如羊而马尾,名曰㺊②羊,其脂③可以已腊④。

【注释】

①洗石:洗澡时用来搓灰的小石块。郭璞注云:洗石,"澡洗可以澡体去垢芥。"

②㺊:音"咸",即大尾羊。

③脂:动植物体内的油质。《正字通》释曰:"禽兽腴也;凝者为脂,释者为膏。"

④腊:即皮肤皴裂之病。郭璞注云:"治体皴,腊音'昔'。"郝懿行注云:"《说文》释曰,昔,干肉也,籀文作腊。此借为皴腊之字。今人

钱来之山有兽焉，其状如羊而马尾，名曰羬羊。松果之山有鸟焉，其名曰螐渠。其状如山鸡，黑身赤足。太华之山有蛇焉，名曰肥遗，六足四翼。符禺之山其兽多葱聋，其状如羊而赤鬣。其鸟多鴖，其状如翠而赤喙。

以羊脂疗皴有验。"

【原文】

西四十五里,曰松果之山,濩水出焉,北流注于渭,其中多铜①。有鸟焉,其名曰螐②渠,其状如山鸡,黑身赤足,可以已䏿③。

【注释】

①铜:此处当理解为铜砂,而非人类加工之后的铜块。

②螐:郭璞注曰:"螐,音彤弓之彤。"

③䏿:音"暴",即皮肤皴裂之病。郭璞注曰:"谓皮肤皴起也。"

【原文】

又西六十里,曰太华之山①,削成而四方,其高五千仞②,其广③十里,鸟兽莫居。有蛇焉,名曰肥遗④,六足四翼,见则天下大旱。

【注释】

①太华之山:即西岳华山,在今陕西省华阴县西南。

②仞:音"刃",古代计量单位,合周尺八尺或七尺,约今一米八左右。郭璞注曰:"仞,八尺也。"《说文》释之曰:"仞,伸臂一寻,八尺也。"

③广:宽度。《墨子·备城门》云:"沈机长二丈,广八尺。"

④肥遗:据郭郭注证,肥遗乃一种大蛇或者大型爬虫。

【原文】

又西八十里,曰小华之山①,其木多荆杞,其兽多柞牛②,其阴多磐石③，其阳多琈珸之玉④。鸟多赤鷩⑤，可以御火。其草有萆荔⑥，状如乌韭⑦，而生于石上，亦缘⑧木而生，食之已心痛。

【注释】

① 小华之山：即少华山。

② 砰牛：郭璞注曰："今华阴山中多山牛山羊，肉皆千斤，牛即此牛也；音'昨'。"郝郭注证曰："砰牛，即羚牛。"砰，音"昨"。

③ 磐石：坚硬的巨石。磐，音"盘"。

④ 琈珸：音"图浮"，郝郭注证曰："即武夫玉，彩色美玉。"

⑤ 赤鷩：一种山鸡。郝郭注为："锦鸡、红腹锦鸡。"鷩，音"必"。

⑥ 萆荔：一种香草，音"必利"；又作"薜荔"。《离骚》有云："贯薜荔之落蕊。"柳宗元《登柳州城楼寄漳汀封连四州》有"惊风乱飐芙蓉水，密雨斜侵薜荔墙"之句。

⑦ 乌韭：据郝郭注证，即乌蕨，草本植物，附生于岩石上。

⑧ 缘：沿着、顺着。

【原文】

又西八十里，曰符禺之山，其阳多铜，其阴多铁。其上有木焉，名曰文茎①，其实如枣，可以已聋。其草多条②，其状如葵③，而赤华黄实，如婴儿舌，食之使人不惑。符禺之水出焉，而北流注于渭。其兽多葱聋④，其状如羊而赤鬣⑤。其鸟多鴖⑥，其状如翠⑦而赤喙⑧，可以御火。

【注释】

①文茎：据郭郭注证，即无刺枣。

②条：郭郭以为，此处的"条"或为蜀葵，或为柚类。按，《尔雅》：柚，条也。

③葵：据郭郭注证，此处葵乃冬葵（即蜀葵），非葵花。

④葱聋：兽名。一种野羊。

⑤赤鬣：红色的鬃毛。郝懿行注曰："此即野羊之一种，今夏羊亦有赤鬣者。"郭郭以为此即藏羚羊。赤，表颜色，红色；鬣，鬃毛。

⑥𪄂：音"民"，鸟名。郝懿行疑此处当为"鹊"。《说文》释之曰："鹊，鸟也。"《广韵》云："鹊鸟似翠而赤喙。"鹊恰与本段关于𪄂的描述相似。郭郭注证以为此即冠鱼狗，翠鸟科，捕鱼为食。

⑦翠：即翠鸟。

⑧喙：音"汇"，鸟嘴。

【原文】

又西六十里，曰石脆之山，其木多棕楠，其草多条，其状如韭①，而白华黑实，食之已疥②。其阳多䃅琈之玉，其阴多铜。灌水出焉，而北流注于禺水。其中有流赭③，以涂牛马无病。

【注释】

①韭：韭菜也。

②疥：一种传染性皮肤病。

③赭：音"哲"，红色的土。郭璞注云："赭，赤土。"流赭：可以理

解为随水流滚的红泥。

【原文】

又西七十里，曰英山，其上多杻橿①，其阴多铁，其阳多赤金。禹水出焉，北流注于招②水，其中多鲜③鱼，其状如鳖④，其音如羊。其阳多箭䉋⑤，其兽多㸷牛、羬羊。有鸟焉，其状如鹑，黄身而赤喙，其名曰肥遗⑥，食之已疠⑦，可以杀虫⑧。

【注释】

① 杻：椴树之一种，又名檍木。郭璞注云："杻似棣而细叶，一名土橿。"橿：据郭郛注证，橿即橿子树，又名老黄橿。按，郭璞注云，橿，木中车材，音"姜"，郭璞注解于文意不通，郭郛注证更合理。

② 招：郭璞注云："招，音'韶'。"

③ 鲜：音"蚌"；郭郛注证以为，此即河蚌。

④ 鳖：音"憋"，即甲鱼。

⑤ 箭：箭竹。䉋：音"媚"，眉竹。

⑥ 肥遗：此肥遗与前文肥遗同名而异物。

⑦ 疠：音"立"；郭璞注云："疠，疫病也，或曰恶疮。"《黄帝内经》定为癞病，现名麻风。也可理解为流行性疾病的统称。

⑧ 虫：据郭郛注证，当为腹内寄生虫。

【原文】

又西五十二里，曰竹山，其上多乔木，其阴多铁。有草焉，其名曰黄雚①，其状如樗②，其叶如麻③，白华而赤实，其状如赭④，浴之⑤已疥，又可以已肘⑥。竹水出焉，北流注于渭，其阳⑦多竹箭⑧，多苍玉⑨。丹水出焉，东南流注于洛水，其中多水玉，多人鱼⑩。有兽焉，其状如豚而白毛，大如笄⑪而黑端，名曰豪彘⑫。

【注释】

①雚：音"贯"。

②樗：音"出"；即臭椿，苦木科。

③麻：大麻类。

④赭：表颜色，紫红。郭璞注云："紫赤色。"

⑤浴之：可以理解为沐浴时加入一些这种草或草籽。

⑥肘：音"附"，一说为脚面。马莳注《素问·评热病论》"有病肾风者，面肘庞然壅"曰："肘，足面也。"一说肘同"肤"，意谓全身，通常肘肿并用；《素问·水热穴论》有云："上下溢于皮肤，故为肘肿。肘肿者，聚水而生病也。"郭璞注《山海经》曰："治肘肿也。"这里可以将肘理解为肿之同义字。

⑦阳：此处系竹水之阳，即竹水河之北岸，非竹山之阳。

⑧箭：即篠，细小的竹子。郭璞注云："箭，篠也。"袁珂按："篠，小竹也。"《尔雅·释地》有云："东南之美者，有会稽之竹箭焉。"

⑨苍玉：灰白色的玉。

⑩人鱼：郭郭注证以为，此即鲵，俗称娃娃鱼。

⑪大如笄：显然在此处并非指该兽大小，而应当理解为其白毛长短粗细如笄。笄，音"几"，即簪子；郭璞注云："笄，簪属。"

⑫豪彘：即豪猪，又称箭猪。

【原文】

又西百二十里，曰浮山，多盼木①，枳叶而无伤②，木虫③居之。有草焉，名曰薰草，麻叶而方茎，赤华而黑实，臭如蘼芜④，佩之可以已疠。

【注释】

①盼木：据郭郭注证，即棐木，做案盘之木，于文意牵强，莫若理解为树之一种。

②枳：音"支"，属芸香科枳属小乔木，树冠伞形或圆头形，枝有刺。无伤：意思是说枳树树叶有刺，盼木树叶与枳树相似，但是无刺，因而不会给人造成伤害。

③木虫：树木茎干之内的蛀虫。此句意思是虫子寄生在盼树之中。

④蘼芜：一种气味与兰花相似的香草。郭璞注云："蘼芜，香草，《易》曰，其臭如兰。"臭，同"嗅"，气味。

【原文】

又西七十里，曰羭①次之山，漆水出焉，北流注于渭。其上多棫橿②，其下多竹箭，其阴多赤铜③，其阳多婴垣之玉④。有兽焉，其状如禺而长臂，善投，其名曰嚣⑤。有鸟焉，其状如枭，人面而一足，曰橐𩇯⑥，冬见夏蛰，服之不畏雷⑦。

【注释】

① 螸：音"余"。

② 栨檀：栨树和檀树。栨，郭璞注云："栨，白桵也，音域。"《尔雅·释木》曰："桵，小木，丛生有刺，实如耳珰，紫赤可啖。"

③ 赤铜：章鸿钊注《石雅》"赤铜与铁并出，疑亦铁之属"曰："赤铜或即磺铁。"

④ 婴垣之玉：据袁珂注，或当为婴脰之玉。婴脰之玉：或可理解为适宜佩戴于颈项前的玉。婴，《说文》释曰："颈饰也。"脰，音"豆"，脖颈也。

⑤ 㺀：音"嚣"；袁珂注云，㺀，疑为夒（同"猱"）之误。《说文》释曰："夒，母猴，似人。"

⑥ 橐𩿨：据郭郭注证，或为短耳猫头鹰。橐，音"驼"；𩿨，同"蜚"，音"肥"。

⑦ 服之不畏雷：可以理解为穿上饰有其羽毛的衣服就能够不怕雷击。郭璞注之曰："著其毛羽，令人不畏天雷也。"服之，以之为服，可以理解为穿着、穿戴之意。

【原文】

又西百五十里，曰时山，无草木。逐水出焉，北流注于渭，其中多水玉。

又西百七十里，曰南山，上多丹粟①。丹水出焉，北流注于渭。兽多猛豹②，鸟多尸鸠③。

【注释】

①丹粟：即丹砂，红色的细砂。

②猛豹：郭郭注证以为，此即大熊猫。郭璞注云："猛豹似熊而小，毛浅，有光泽，能食蛇，食铜铁，出蜀中。"郝懿行云："猛豹即貘豹也。"

③尸鸠：即尸鹫、秃鹫，一种大型猛禽，以动物尸体为食。郭璞注云："尸鸠，布谷类也。"

【原文】

又西百八十里，曰大时之山，上多榖柞①，下多杻橿，阴多银，阳多白玉。涔②水出焉，北流注于渭。清水出焉，南流注于汉水。

【注释】

①柞：音"乍"，柞树，一种落叶乔木；郭璞注云："柞，栎。"榖柞：构树和柞树。

②涔：汉语字典音"岑"，此处采用口语发音，读音为"潜"或"秦"，郭璞注云："涔，音潜。"

【原文】

又西三百二十里，曰嶓①冢之山，汉水出焉，而东南流注于沔②；嚣水出焉，北流注于汤水。其上多桃枝③钩端④，兽多犀、兕、熊、罴⑤，鸟多白翰⑥、赤鷩。有草焉，其叶如蕙⑦，其本⑧如桔梗⑨，黑华而不实，名曰蓇蓉⑩，食之使人无子⑪。

【注释】

①蟠：音"波"。

②沔：音"免"。

③桃枝：一种竹类的名字，即今之矮竹。袁珂注："桃枝，竹名，《尔雅·释草》曰，桃枝四寸有节。疏曰，凡竹相去四寸有节者，名桃枝竹。"

④钩端：郭璞注云："钩端，桃枝属。"即今之刺竹。

⑤羆：音"皮"，黑熊之一种，又名马熊、人熊。

⑥白翰：郭璞注云："白翰，白鹇也，亦名鹖雉，又名白雉。"

⑦蕙：音"惠"，即蕙兰。郭璞注云："蕙，香草，兰属也。"

⑧本：根也。

⑨桔梗：据郭郭注证，此乃一种多年生草木植物。

⑩菁蓉：音"骨容"。

⑪使人无子：可理解为使人难以生育。

【原文】

又西三百五十里，曰天帝之山，上多棕楠；下多菅蕙①。有兽焉，其状如狗，名曰谿②边，席其皮者不蛊。有鸟焉，其状如鹑，黑文而赤翁③，名曰栎，食之已痔。有草焉，其状如葵，其臭如蘼芜，名曰杜衡④，可以走马⑤，食之已瘿⑥。

【注释】

①菅：音"尖"，茅草类，又名菅茅。蕙：即蕙兰，香草类。

②谿：古同"溪"。

③翁：《说文》释曰："翁，颈毛也。"

④杜衡：郭璞注云："杜衡，香草也，似葵而香。"

⑤走马：郭璞注云："带之令人便马，或曰，马得之而健走。"此处可以理解为杜衡的香味可以使马跑得更快。

⑥瘿：音"婴"。《说文》释曰："瘿，颈瘤也。"《淮南子·地形训》曰："险阻气多瘿。"郭郛以为，此即大脖子病。

【原文】

西南三百八十里，曰皋①涂之山，蔷②水出焉，西流注于诸资之水；涂水出焉，南流注于集获之水。其阳多丹粟，其阴多银、黄金，其上多桂木。有白石焉，其名曰礜③，可以毒鼠。有草焉，其状如藁茇④，其叶如葵而赤背，名曰无条，可以毒鼠。有兽焉，其状如鹿而白尾，马脚，人手⑤而四角，名曰玃⑥如。有鸟焉，其状如鸱⑦而人足，名曰数斯，食之已瘿。

【注释】

①皋：音"高"。

②蔷：今《汉语大词典》读音为"强"。郭璞注云：蔷，音"色"。

③礜：音"玉"，郭璞注云："今礜石杀鼠，蚕食之而肥。"《说文》释曰，礜，毒石也，出汉中。郭郛注证云："礜，又名太白石、毒砂。"

④藁茇：即藁本，多年生草本植物。郭璞注云："藁茇，香草。"藁，音"高"；茇，音"拔"。

⑤人手：郭璞注云："前两脚似人手。"依郭璞此注，则马足似可理解

为后两脚似马脚。

⑥貑：音"决"。郭郭以为此或为四角羚。

⑦䲸：音"吃"；猫头鹰之统称。

【原文】

又西百八十里，曰黄山，无草木，多竹箭。盼水出焉，西流注于赤水，其中多玉。有兽焉，其状如牛，而苍黑大目，其名曰䍄①。有鸟焉，其状如鸮②，青羽赤喙，人舌能言，名曰鹦䳇③。

【注释】

①䍄：音"敏"，蒙古黄牛的祖型。吴任臣曰："即牰犚牧㹊之属。"《玉篇》释曰："兽似牛，苍黑，出黄山。"《集韵》释曰，山牛。袁珂注曰："《周书·王会篇》云，数楚每牛，每牛者，牛之小者也。每牛，即䍄。"

②鸮：音"枭"，猫头鹰之统称。

③鹦䳇：袁珂注云："即鹦鹉。"

【原文】

又西二百里，曰翠山，其上多棕楠，其下多竹箭，其阳多黄金、玉，其阴多旄牛、麢①、麝②；其鸟多鸓③，其状如鹊，赤黑而两首、四足，可以御火。

【注释】

①麢：音"灵"。郭璞注云："麢似羊而大角，细食，好在山崖间。"郭郭注证以为，麢即中国古代所谓四灵之一的麒麟。

②麝：音"射"，又名香獐，鹿科动物。郭璞注云："麝似獐而小，有香。"

③鸓：音"磊"。郭郭注证以为此即鼯鼠，又名飞生虫、飞虎、飞升鸟等。

【原文】

又西二百五十里，曰騩①山，是錞②于西海，无草木，多玉。凄水出焉，西流注于海，其中多采石③、黄金，多丹粟。

【注释】

①騩：郭璞注云：騩，音"巍"，亦"隗"。

②錞：同"蹲"。

③采石：即五彩石头。郭璞注云："采石，石有采色者；今雌黄、空青、碧绿之属。"

【原文】

凡西经之首，自钱来之山至于騩山，凡十九山，二千九百五十七里。华山，冢也①，其祠之礼：太牢②。羭山，神也③，祠之用烛④，斋百日以百牺⑤，瘗用百瑜⑥，汤⑦其酒百樽，婴⑧以百珪⑨百璧⑩。其余十七山之属，皆毛牷⑪用一羊祠之。烛者，百草之未灰，白席⑫采等纯⑬之。

【注释】

① 华山,冢也:可以理解为以华山顶为祭祀天神的场所。冢,祭神用的场所。郭璞注云:"冢者,神鬼之所舍也。"《诗集传》释"乃立冢土"曰:"冢土,大社也。"

② 太牢:又称大牢。郭璞注云:"牛羊豕为太牢。"

③ 羭山,神也:袁珂本连读;郭郭断为"羭,山神也"。按,依上下文,在西方首列山系中,华山与羭次山地位高于其他十七座山。据郭郭解释,这大概因为西方首列山系或以羊为图腾,羭次山乃是羭羊即其他山神之原型群居之所,故被视为高于其他十七座山。如此,则此句断为"羭山,神也",方通。可理解为羭次山较其他十七座山更具神性。

④ 烛:《说文》曰:"烛,庭燎火烛也。"可以理解为火炬、火把。

⑤ 牺:纯色的牲口。郭璞注云:"牲纯色为牺。"

⑥ 瑜:郭璞注云:"瑜亦美玉名。"

⑦ 汤:同"烫",即温酒。

⑧ 婴:郭璞注云:"婴谓陈之以环祭也。"袁珂注云:"婴,系以玉祀神之转称。"

⑨ 珪:一种长方形或者一端较尖的玉。

⑩ 璧:一种圆形而中间有小孔的美玉。《说文》释璧曰:"瑞玉,圆器也。"

⑪ 牷:音"全",即整只牲口。郭璞注云:"牷谓牲体全具也。"

⑫ 白席:郭郭疑当为"百席"。孙见坤解为"以白茅编成的席子",似较妥当。

⑬ 纯:郭璞注云:"纯,缘也;五色纯之,等差其文彩也。"

西次二经

【原文】

西次二经之首,曰钤①山,其上多铜,其下多玉,其木多杻橿。

【注释】

①钤:音"钱"。

【原文】

西二百里,曰泰冒之山,其阳多金,其阴多铁。洛水出焉,东流注于河①,其中多藻玉②,多白蛇③。

【注释】

①河:古代对黄河的专称。

②藻玉:玉之一种,玉上有粗细彩色纹线。郭璞注曰:"藻玉,玉有符彩者,或作柬。"

③白蛇:郭璞注曰:"水蛇。"很可能是白色的水蛇类。

【原文】

又西一百七十里,曰数历之山,其上多黄金,其下多银,其木多杻橿,其鸟多鹦䳇。楚水出焉,而南流注于渭,其中多白珠①。

【注释】

①白珠：据郭郭注证，可能为天然矿物的白琅玕石或白宝石。

【原文】

又西百五十里，曰高山，其上多银，其下多青碧①、雄黄，其木多棕，其草多竹。泾水出焉，而东流注于渭，其中多磬石②、青碧。

【注释】

①青碧：即石青之类。郭璞注云："碧亦玉类也。"袁珂注云："《说文》云，'碧，石之青美者'，此碧所以称青碧也。"

②磬石：石之有声者，皆称磬石，或称鸣石。章鸿钊以为即今之灵璧石。磬，音"庆"，《说文》释曰："乐石。"

【原文】

西南三百里，曰女床之山，其阳多赤铜，其阴多石涅①，其兽多虎、豹、犀、兕。有鸟焉，其状如翟②而五采文，名曰鸾鸟③，见则天下安宁。

【注释】

①石涅：即石墨。袁珂引吴任臣注曰："《本草》，黑石脂一名石墨，一名石涅，南人谓之画眉石。"杨慎《补注》曰："石涅可以染黑色，《论语》涅而不淄，即此物也。又可以书字，谓之石墨。"

②翟：音"敌"；山雉之类。郭璞注云："翟似雉而大，长尾。"

③鸾鸟：郭璞注云："旧说鸾似鸡，瑞鸟也，周成王时西戎献之。"郭郭注证以为，此即绿尾虹雉，又名青鸾。

【原文】

又西二百里，曰龙首之山，其阳多黄金，其阴多铁。苕水出焉，东南流注于泾水，其中多美玉。

又西二百里，曰鹿台之山，其上多白玉，其下多银，其兽多㸲牛①、羬羊②、白豪③。有鸟焉，其状如雄鸡而人面，名曰凫徯④，其鸣⑤自叫也，见则有兵⑥。

【注释】

①㸲牛：即羚牛。

②羬羊：或以为即羚羊。

③白豪：白色的拱猪。郭璞注云："豪，貆猪也。"袁珂注云："豪即豪彘，以其毛白，故称白豪。"郭郭注证以为此即猪貆，又名拱猪。

④凫徯：据郭郭注证，即赤颈鸭或赤膀鸭。徯，音"西"。

⑤鸣：疑当为"名"。

⑥兵：兵事，战事也。

【原文】

西南二百里，曰鸟危之山，其阳多磐石，其阴多檀楮①，其中多女床②。鸟危之水出焉，西流注于赤水，其中多丹粟。

【注释】

①檀楮：檀树与构树。檀，即青檀，又名檀树，《诗经》"坎坎伐檀兮"即此；楮，音"楚"，郭璞注，楮即榖木。袁珂注云："榖木已见《南山经》首招摇之山，即构树。"

②女床：郝懿行引《广雅》云："颠棘，女木也，又女肠，女菀也。"郭郛引马氏注，女床，女菀。女菀，菊科，直立生草本植物。

【原文】

又西四百里，曰小次之山，其上多白玉，其下多赤铜。有兽焉，其状如猿，而白首赤足，名曰朱厌①，见则大兵。

【注释】

①朱厌：郭郛注证以为此即白眉长臂猿。

【原文】

又西三百里，曰大次之山，其阳多垩①，其阴多碧②，其兽多㸲牛、𪊨羊③。

【注释】

①垩：垩似土色，甚白，音"恶"。郭郛注证，垩，即白色土。

②碧：青绿色的美石。

③𪊨：音"灵"，即羚羊。

【原文】

又西四百里，曰薰吴之山，无草木，多金玉。

又西四百里，曰厎①阳之山，其木多㮨②楠豫章③，其兽多犀、兕、虎、豹④、牦牛。

【注释】

①厎：郭璞注云：音"旨"。
②㮨：即刺松。郭璞注云：㮨似松，有刺，细理；音"即"。
③豫章：即豫樟。郭璞注云："豫章，大木，似楸，叶冬夏青，生七年而后复可知也。"郝懿行引《后汉书·王符传》注曰："豫樟即樟木也。"
④豹：音"捉"；《玉篇》云："豹，兽，豹文。"郭郭引马氏注曰："豹"字乃豹之变体。

【原文】

又西二百五十里，曰众兽之山，其上多㻬琈之玉，其下多檀楮，多黄金，其兽多犀、兕。

又西五百里，曰皇人之山，其上多金玉，其下多青雄黄①。皇水出焉，西流注于赤水，其中多丹粟。

【注释】

①青雄黄：即熏黄。袁珂引吴任臣注曰："苏颂云：阶州山中，雄黄有青黑色而坚者，名曰熏黄。"青雄黄意即此也。

　　女床之山有鸟焉，其状如翟而五采文，名曰鸾鸟。鹿台之山有鸟焉，其状如雄鸡而人面，名曰凫徯。小次之山有兽焉，其状如猿，而白首赤足，名曰朱厌。凡西次二经之首，凡十七山，其十神者，皆人面而马身。其七神，皆人面牛身。

【原文】

又西三百里，曰中皇之山，其上多黄金，其下多蕙棠①。

又西三百五十里，曰西皇之山，其阳黄金，其阴多铁，其兽多麋②、鹿、柞牛。

又西三百里五十里，曰莱山，其木多檀楮，其鸟多罗罗③，是食人。

【注释】

① 蕙：即蕙兰；棠：即海棠类，郭璞注云："彤棠之属也。"
② 麋：音"迷"，郭璞注云："麋大如小牛，鹿属也。"俗名四不像。
③ 罗罗：郝懿行云："《海外北经》有青兽，状如虎，名曰罗罗，此鸟与之同名。"郭郭注证以为此或为秃鹙。

【原文】

凡西次二经之首，自钤山至于莱山，凡十七山，四千一百四十里。其十神者①，皆人面而马身。其七神，皆人面牛身，四足而一臂，操杖以行，是为飞兽之神②。其祠之，毛用少牢③，白菅为席，其十辈④神者，其祠之，毛一雄鸡⑤，钤而不糈⑥，毛采⑦。

【注释】

① 其十神者：其中十座山的山神。
② 飞：泛指奔跑速度之快；飞兽之神：可理解为奔跑速度如飞一般

的类兽神像。

③少牢：郭璞注云："羊猪为少牢也。"

④辈：郝懿行注云："辈犹类也。"其十辈神：或可理解为"这十位山神"。

⑤毛：据孙见坤，毛当为"全"，无瑕病者。则此处似可以理解为一只健康完整的雄鸡。

⑥钤：郭璞注云："钤，所用祭器名，所未详也。或作思训祈不糈，祠不以米。"郝懿行注云："钤疑祈之声转耳，经文祈而不糈，即祠不以米之义；思训未详。"孙见坤以为当为"祈"；郭郭以为钤即金属制的犁；钤而不糈：意指用金属犁做供物而不用米。郭郭说较牵强。然存录之。

⑦毛采：郭璞注云："言用杂色鸡也。"袁珂注云："此言祠此人面马身之十辈神，毛物但用一杂色雄鸡，而不以米也。"袁解与孙解抵牾，存录之。

西次三经

【原文】

西次三经之首，曰崇吾之山，在河①之南，北望冢遂②，南望䍃之泽③，西望帝之搏兽之山④，东望螞渊⑤。有木焉，员⑥叶而白柎⑦，赤华而黑理，其实如枳⑧，食之宜子孙。有兽焉，其状如禺而文⑨臂，豹虎⑩而善投，名曰举父。有鸟焉，其状如凫，而一翼一目，相得乃飞，名曰蛮蛮⑪，见则天下大水。

【注释】

①河：黄河，据郭郭注证，当为黄河源。

②冢遂：山名也。

③䍃：音"摇"；郭郭注证以为，䍃之泽即为瑶池。

④帝之搏兽之山：此山以事件命名，即天帝搏杀野兽之山。

⑤蠚渊：湖泊名称也。蠚，音"焉"。

⑥员：同"圆"。

⑦柎：袁珂注云："柎，花萼房也，音附。"

⑧枳：《说文》释曰："枳，木，似橘。"《考工记》有云：橘逾淮而北，为枳。郭郭注证以为，此即枸橼，又名香圆，乃常绿小乔木。

⑨文：同"纹"。

⑩虎：袁珂注云："疑是尾字之误。"

⑪蛮蛮：即比翼鸟。郭璞注云："比翼鸟也，色青赤，不比不能飞，《尔雅》作鹣鹣鸟也。"

【原文】

西北三百里，曰长沙之山，泚①水出焉，北流注于泑②水，无草木，多青雄黄③。

又西北三百七十里，曰不周之山，北望诸毗之山，临彼岳崇之山，东望泑泽，河水④所潜⑤也，其原⑥浑浑泡泡⑦。爰⑧有嘉果，其实如桃，其叶如枣，黄华而赤柎，食之不劳⑨。

【注释】

① 泚：音"紫"。

② 泑：郭璞云："音黝，水色黑也。"

③ 青雄黄：即雌黄。

④ 河水：黄河之水。河，黄河。

⑤ 潜：地下潜流也。

⑥ 原：源也，源头。

⑦ 浑浑泡泡：据郭郭注证，此乃沼泽水泡如珍珠喷涌之状。音"滚滚咆咆"；郭璞注云："浑浑泡泡，水喷涌之声也；衮咆二音。"

⑧ 爰：语气助词，起调节语气之作用，无实际意义。

⑨ 不劳：不再忧愁。劳，郝懿行注云："劳，忧也。"

【原文】

又西北四百二十里，曰崟①山，其上多丹木②，员叶而赤茎，黄华而赤实，其味如饴，食之不饥。丹水出焉，西流注于稷泽，其中多白玉。是有玉膏③，其原沸沸汤汤④，黄帝是食是飨⑤。是生玄玉，玉膏所出⑥，以灌丹木⑦。丹木五岁，五色乃清⑧，五味乃馨⑨。黄帝乃取崟山之玉荣⑩，而投之钟山之阳⑪。瑾瑜⑫之玉为良，坚粟精密⑬，浊泽而有光⑭。五色发作，以和柔刚。天地鬼神，是食是飨；君子服⑮之，以御不祥。⑯自崟山至于钟山，四百六十里⑰，其间尽泽也。是多奇鸟、怪兽、奇鱼，皆异物焉。

【注释】

① 峚：音"密"。

② 丹木：据郭郭注证，此丹木乃槭树，落叶或者常绿乔木。

③ 玉膏：玉的膏脂。《博物志》卷一有云："名山大川，孔穴相内，和气所出，则生石脂、玉膏，食之不死。"郭郭注证解为，硬玉、软玉等细微颗粒散出水液中，黏稠如膏状。此处可理解为专有名词。

④ 原：即源。沸沸汤汤：描写河源之处泉水喷涌之状，泉水中或有白玉微粒。郭璞云："玉膏涌出之貌也。"

⑤ 飨：音"享"，设宴招待宾客之意。传说黄帝食玉而逝。

⑥ 玄玉：黑色美玉。郭璞云："言玉膏中又出黑玉也。"

⑦ 灌：若以灌溉解之，则行文牵强。民间有将旧宝埋入树下以养之的风俗，疑即此也。

⑧ 五色乃清：郭璞注云："言光鲜也。"

⑨ 五味乃馨：郭璞注云："言滋香也。"

⑩ 玉荣：即玉核。郭璞云："谓玉华也。"

⑪ 投之钟山之阳：郭璞云："以为玉种。"郭郭注证云："此乃将玉种带到钟山之南，投入玉溶液中。"

⑫ 瑾瑜：意谓瑾瑜是玉中最好的。郭璞云："言最善也。"郭郭注证以为，此乃说有玉核的玉膏中才能生出优良的美玉，亦通，存录之。

⑬ 坚粟精密：意谓瑾瑜这种玉纹理坚实细密。郭璞注云："说玉理也。"

⑭ 浊泽：意谓厚重而又有润泽。郭璞云："浊谓润厚。"郭郭注证以为，此谓生成的玉质地厚实，不透明，但有光泽。

⑮ 服：袁珂注云："佩带也。"然而若以"黄帝是食是飨"来看，应该

理解为服用之意,即将这种玉吞下。

⑯注者按,本段自"是有玉膏"至于此处,语言乃诗韵体,非本书其他章节描述类文字,或为成书过程中插入的诗文类。

⑰四百六十里:此处说的乃是湖泽宽广,非两山距离。

【原文】

又西北四百二十里,曰钟山,其子曰鼓①,其状人面而龙身,是与钦䲹杀葆江②于昆仑之阳,帝乃戮之钟山之东曰崾③崖。钦䲹化为大鹗④,其状如雕,而黑文白首,赤喙而虎爪,其音如晨鹄⑤,见则有大兵;鼓亦化为鵕⑥鸟,其状如鸱,赤足而直喙,黄文而白首,其音如鹄⑦,见则其邑大旱。

【注释】

①其子曰鼓:谓钟山山神之子名叫"鼓"。
②钦䲹:亦神名也。䲹,郭璞云:"音邳。"葆江:亦神名也。
③崾:音"摇",通"瑶"。
④鹗:音"恶"。郭璞注云:"雕属也。"郭郭注证以为,此即鱼鹰类。
⑤晨鹄:即大天鹅,又名天鹅。郭璞云:"晨鹄,鹗属,犹云晨凫耳。"
⑥鵕:音"俊",《说文》释为大鸟。
⑦鹄:《说文》释曰:鹄,鸿鹄也。即天鹅。

【原文】

又西百八十里,曰泰器之山,观水①出焉,西流注于流沙②。是多文鳐③鱼，状如鲤鱼，鱼身而鸟翼，苍文④；而白首赤喙，常行⑤西海⑥，游于东海⑦，以夜飞。其音如鸾鸡⑧，其味酸甘，食之已狂⑨，见则天下大穰⑩。

【注释】

①观水：河流名。《吕氏春秋·本味篇》作雚水。高诱注云："雚水在西极。"

②流沙：流动的沙丘。《汉书·地理志》云："张掖居延，居延泽在北，古人以为流沙。"

③鳐：音"摇"，《吕氏春秋·本味篇》云："味之美者，雚水之鱼，名曰鳐。"郭郛注证以为，此或为裸鲤，鲤科。

④苍文：深青色或深白色的纹理。

⑤行：当作飞行解。

⑥西海：据郭郛注证，或为居延泽。

⑦东海：据郭郛注证，东海当为西海之支流，非东方之大海。

⑧鸾鸡：郭璞云："鸾鸡，鸟名，未详也；或作栾。"郝懿行注，疑即鸾也。

⑨已：治愈、治疗。狂：精神错乱之意。

⑩穰：意谓丰收。郭璞云："丰穰收熟也。《韩子》曰：穰岁之秋。"

【原文】

又西三百二十里，曰槐江之山，丘时之水出焉，而北流注于泑水。其中多蠃母①，其上多青雄黄，多藏琅玕②、黄金、玉，其阳多丹粟，其阴多采黄金银③。实惟帝之平圃④，神英招⑤司⑥之，其状马身而人面，虎文而鸟翼，徇⑦于四海，其音如榴⑧。南望昆仑，其光熊熊⑨，其气魂魂⑩。西望大泽，后稷所潜⑪也。其中多玉，其阴多榣木之有若⑫。北望诸毗，槐鬼离仑⑬居之，鹰鹯⑭之所宅也。东望恒山四成⑮，有穷鬼⑯居之，各在一抟⑰。爰有瑶水，其清洛洛⑱。有天神焉，其状如牛，而八足二首马尾，其音如勃皇⑲，见则其邑有兵。

【注释】

①蠃母：即仆蠃，蜗牛和沼螺等螺狮类。蠃，音"螺"。

②琅玕：郭璞云："琅玕，石似珠者；藏犹隐也。郎干二音。"

③采黄金银：有纹案的黄金矿石和银矿石。郝懿行云："采谓金银之有符采者。《地理志》云，豫章郡有黄金采，即此是也。"

④平圃：即山顶上平整的草地，乃优良之牧场。郭璞云："即玄圃也。"

⑤英招：神名也。招，音"韶"。

⑥司：掌管。郭璞云："司，主也。"

⑦徇：巡行也。郭璞云："徇谓周行也。"

⑧榴：象声词，类似于辘轳声。

⑨熊熊：郭郛以为，此乃描述昆仑山上丹木林红红如火之景象。

⑩魂魂：即浑浑，即远观山峦雄浑一体之象。郭璞注云："皆光气炎盛相焜耀之貌。"

⑪潜：隐藏，引申为埋葬。毕沅注云："即稷泽，稷所葬也。"

⑫榣木之有若：可理解为有若之榣木，即有灵异之榣树。另据郭璞云：

"槮木,大木也;言其上复生若木。大木之奇灵者为若,见《尸子》。"于文意稍不通,且存录之。槮,树名;若,传说中灵异之树木。

⑬槐:郭郭以为,槐或为槐江之简用;孙见坤以为槐字乃衍,孙说为是。鬼,亦可理解为神;楚语以鬼为神。离仑:郭璞云:"离仑其神名。"

⑭鹟:郭璞云:"鹟亦鸱属也。"郭郭注证曰,此即隼类。

⑮东望恒山四成:意谓向东望去,恒山环绕,山峦重叠。四成,郭璞云:"成亦重也。"

⑯有穷鬼:即号为"有穷"的山鬼。

⑰各在一抟:恒山四重,则此处各在一抟可理解为恒山各重山中山神各在一处,非聚在一地也。抟,郭璞云:"抟犹胁也;言群鬼各以类聚,处山四胁,有穷,其总号耳。"

⑱其清洛洛:意谓瑶水河水流清澈,水声洛洛。洛洛,即落落。郭璞注云:"水留下之貌也。"陶潜《读〈山海经〉》诗云:"落落清瑶流。"

⑲勃皇:郭郭注证以为此即虎甲虫。

【原文】

西南四百里,曰昆仑之丘,实惟帝之下都①,神陆吾司之。其神状虎身而九尾,人面而虎爪,是神也,司天之九部及帝之囿时②。有兽焉,其状如羊而四角,名曰土蝼,是食人。有鸟焉,其状如蜂,大如鸳鸯,名曰钦原,蠚③鸟兽则死,蠚木则枯。有鸟焉,其名曰鹑鸟④,是司帝之百服⑤。有木焉,其状如棠⑥,黄华赤实,其味如李而无核,名曰沙棠,可以御水,食之使人不溺⑦。有草焉,名曰薲草⑧,

其状如葵,其味如葱,食之已劳⑨。河水⑩出焉,而南流东注于无达⑪。赤水出焉,而东南流注于汜天之水。洋水出焉,而西南流注于丑涂之水。黑水出焉,而西流于大杅⑫。是多怪鸟兽。

【注释】

①帝之下都:即天帝在人间的都邑。据郭璞注云:"天帝都邑之在下者。"

②司天之九部及帝之囿时:意谓掌管天上九野和天帝苑囿时节。郭璞注云:"主九域之部界、天帝苑囿之时节也。"九部,《淮南子·天文训》云:"天有九野,九千九百九十九隅。"

③蠚:音"呵",通"蜇",意谓蜂、蝎子等用毒刺刺人或动物。

④鹑鸟:即凤凰。郝懿行注云:"鹑鸟,凤也;《海内西经》云,昆仑开明西北皆有凤皇,此是也。《埤雅》引师旷《禽经》曰:赤凤谓之鹑。"

⑤服:郭璞云:"服,器服也;一曰,服,事也。或作藏。"郝懿行云:"或作藏者,百藏,言百物之所聚。"郭郛注证以为,当为衣服,即鹑鸟羽毛可制衣,故掌管天帝之衣服。

⑥棠:即棠梨,今称杜梨。郭璞注云:"棠,梨也。"

⑦不溺:郭璞注云:"言体浮轻也;沙棠为木,不可得沉。"则不溺当理解为不被水淹溺。

⑧蓉:音"贫",同"苹",即苹草,多年生草本植物。

⑨已劳:消解忧劳、忧愁也。劳,忧劳。

⑩河水:即黄河。

⑪无达:郭璞注云:"山名。"郝懿行以为当为阿耨达。《水经注》云:

"南河又东，右会阿耨达大水。"则无达为河确矣。

⑫大杅：郭璞云："山名也。"然而河水如何流入山中？郭郛以为，大杅可能是周围有小山丘的树林沼泽地带。杅，音"于"。

【原文】

又西三百七十里，曰乐游之山，桃水出焉，西流注于稷泽①，是多白玉。其中多䱻鱼②，其状如蛇而四足，是食鱼。

【注释】

①稷泽：即崟山之稷湖。

②䱻鱼：郭郛注证解作滑蜥，爬行纲，以小动物为食。䱻，音"滑"。

【原文】

西水行四百里，流沙二百里，至于蠃母之山，神长乘①司之，是天之九德也②。其神状如人而犳③尾。其上多玉，其下多青石④而无水。

【注释】

①长乘：神之名也。

②是天之九德也：郭璞注云，九德之气所生。孙见坤以为此乃天神长乘所司之职权，即德化万方。九德，九种君子德行，具体内容不一而足。按，《书·皋陶谟》曰："宽而栗、柔而立、愿而恭、乱而敬、扰而毅、直而温、简而廉、刚而塞、强而义。"

③犳：音"琢"。

④青石：青灰色的石头。

　　乐游之山桃水出焉,西流注于稷泽,其中多䲦鱼,其状如蛇而四足。嬴母之山,神长乘司之,其神状如人而豹尾。

　　玉山,是西王母所居也。有兽焉,其状如犬而豹文,其名曰狡,见则其国大穰。有鸟焉,其状如翟而赤,名曰胜遇。

【原文】

又西三百五十里，曰玉山，是西王母所居也。西王母其状如人，豹尾虎齿而善啸，蓬发戴胜①，是司天之厉及五残②。有兽焉，其状如犬而豹文，其角如牛，其名曰狡③，其音如吠犬，见则其国大穰。有鸟焉，其状如翟而赤，名曰胜④遇，是食鱼，其音如录⑤，见则其国大水。

【注释】

①蓬发戴胜：即头发梳成蓬松状，并戴上玉制的头饰。郭璞注云："蓬头乱发；胜，玉胜也。"胜，即对妇女首饰之称。杜甫《人日》云："胜里金花巧耐寒。"

②是司天之厉及五残：郭璞注云："主知灾厉五刑残杀之气也。"司，掌管；厉，灾疫、灾害；五残，五刑残杀之意，或谓五残星，星名。《史记·天官书》载："五残星，出正东东方之野，其星状类辰星。"

③狡：音"较"。

④胜：郭璞注云："音'姓'。"郝懿行注云：《说文》有鸐，音"生"，鸟也，疑即此。

⑤录：郭璞云："音录；义未详。"吴任臣云："疑为鹿之借字。"郝懿行云："经文作录，郭复音录，必有误。"郭郭注证云："录为其音之象声词。"

【原文】

又西四百八十里,曰轩辕之丘,无草木。洵水出焉,南流注于黑水,其中多丹粟,多青雄黄。

又西三百里,曰积石之山,其下有石门,河水冒①以西南流。是山也,万物无不有焉②。

【注释】

①冒:覆盖、笼罩之意。郭璞注云:"冒,犹覆也。"
②万物无不有焉:谓此山物产丰富,品类繁盛。

【原文】

又西二百里,曰长留之山,其神白帝少昊居之。其兽皆文①尾,其鸟皆文首。是多文玉石②。实惟员神磈③氏之宫。是神也,主司反景④。

【注释】

①文:即"纹",下同。
②文玉石:郭郭注证以为,此谓石之多纹者。
③员神:即圆神、日神、太阳神。磈:音"隗"。
④主司反景:即主持观察日西落时之景象。郭璞注云:"日西入则景反东照,主司察之。"郝懿行云:"是神,员神,盖即少昊也;红光,盖即蓐收,见下文泑山。"反景,即太阳落山之景象。

【原文】

又西二百八十里,曰章莪①之山,无草木,多瑶碧②。所为甚怪③。有兽焉,其状如赤豹④,五尾一角,其音如击石,其名曰狰⑤。有鸟焉,其状如鹤,一足,赤文青质而白喙⑥,名曰毕方,其鸣自叫也,见则其邑有讹火⑦。

【注释】

①莪:音"俄"。

②瑶碧:即碧玉。郭璞云:"碧亦玉属。"

③所为甚怪:郭璞云:"多有非常之物。"郭郛注证以为,此乃玉石夹杂而丰富之山,草木稀少,颜色特异之意。

④赤豹:即豹。《大雅》有云,赤豹,黄黑。

⑤如:郝懿行以为"如"当为"曰"。狰:音"争"。

⑥质:形躯、形体之意。曹植《愍志赋》云:"岂良时之难俟,痛余质之日亏。"喙:音"会",嘴也。

⑦讹火:即怪火也。

【原文】

又西三百里,曰阴山,浊浴之水出焉,而南流注于蕃泽,其中多文贝。有兽焉,其状如狸而白首,名曰天狗,其音如榴榴①,可以御凶。

又西二百里,曰符惕②之山,其上多棕楠,下多金玉,神江疑居之。是山也，多怪雨，风云之所出也。

【注释】

①㺉㺉：郭璞注云："或作猫猫。"郝懿行云："猫猫，谓叫声如猫。"
②惕：音"阳"。

【原文】

又西二百二十里，曰三危之山，三青鸟①居之。是山也，广员②百里。其上有兽焉，其状如牛，白身四角，其豪③如披蓑④，其名曰徼狈⑤，是食人。有鸟焉，一首而三身，其状如𪇱⑥，其名曰鸱⑦。

【注释】

①三青鸟：郭璞注云："三青鸟主为西王母取食者，别自栖息于此山也。"
②广员：可以理解为"范围"之意。广，东西曰广；员，圆也，周围。
③豪：即毫，毛发。
④蓑：郭璞注云："蓑，辟雨草衣也；音'说'。"
⑤徼狈：郭璞注云："傲喧二音。"郭郭注证以为，此即白牦牛。
⑥𪇱：即红腹鹰。郭璞注云："𪇱似雕，黑文赤颈；音'洛'。"
⑦鸱：音"吃"，即猫头鹰。

【原文】

又西一百九十里，曰騩山，其上多玉而无石。神耆童居之，其音常如钟磬。其下多积蛇①。

【注释】

①积蛇：郭郛注证以为，此即群蛇发情交配之际重伏堆积之意。

【原文】

又西三百五十里，曰天山，多金玉，有青雄黄。英水出焉，而西南流注于汤谷。有神焉，其状如黄囊①，赤如丹火②，六足四翼，浑敦③无面目，是识歌舞，实惟帝江④也。

【注释】

①黄囊：黄色皮囊。

②丹火：郭璞云："体色黄而精光赤也。"

③浑敦：即浑沌。

④江：音"鸿"。毕沅注云："江读如鸿。"

【原文】

又西二百九十里，曰泑山，神蓐收①居之。其上多婴脰之玉，其阳多瑾瑜之玉，其阴多青雄黄。是山也，西望日之所入，其气员②，神红光③之所司也。

【注释】

①蓐收：郭璞云："亦金神也，人面、虎爪、白尾（毛），执钺，见《外传》云。"蓐，音"入"。

②员：圆也。郭璞云："日形员，故其气象亦然也。"

③红光：郝懿行云："红光盖即蓐收也。"

【原文】

西水行百里，至于翼望之山，无草木，多金玉。有兽焉，其状如狸，一目而三尾，名曰讙①，其音如夺百②声，是可以御凶，服之已瘅③。有鸟焉，其状如乌，三首六尾而善笑④，名曰鸱鵂⑤，服之⑥使人不厌⑦，又可以御凶。

【注释】

①讙：即貛，别名土猪、地猪等。郭璞云："讙音'欢'；或作原。"

②夺百：郭璞云："言其能作百种物声也。或曰，夺百，物名，亦所未详。"

③瘅：郭璞云："黄瘅病也；音'旦'。"

④善笑：或可理解为鸟鸣之意。

⑤鸱鵂：郭璞云："'猗余'两音。"

⑥服之：郭郭注证以为，即吃这种鸟肉。然若作"吃"讲，则鸟肉不可以"服之"，当为"食之"也。故此处"服之"，当作"以其羽毛为衣而服之"解，意谓穿上这种鸟的羽毛织成的衣服。

⑦厌：同"魇"。郭璞云："不厌梦也。"

【原文】

凡西次三经之首，自崇吾之山至于翼望之山，凡二十三山，六千七百四十四里。其神状皆羊身人面。其祠之礼，用一吉玉①瘗，糈用稷米^②。

【注释】

①吉玉：郭璞注云："玉加采色者也。《尸子》曰：吉玉大龟。"
②稷米：脱壳的稷，用于食物或者祭祀。

西次四经

【原文】

西次四经之首，曰阴山，上多榖^①，无石，其草多茆、蕃^②。阴水出焉，西流注于洛。

【注释】

①榖：此处当理解为谷物，即五谷、小米等。
②茆：音"卯"，即莼菜，又名凫葵、水葵，多年生草本植物。蕃：正字当为"蘋"，郭郭注证以为，蘋或为三棱草，多年生沼泽草本植物。郭璞注云："茆，凫葵也；蕃，青蕃，似莎而大；'卯烦'两音。"

【原文】

北五十里，曰劳山，多茈草^①。弱水出焉，而西流注于洛。

【注释】

①茈草：即紫草，又名藐，紫草科，多年生草本植物。

【原文】

西五十里,曰罢谷之山,洱水出焉,而西流注于洛,其中多茈、碧①。

【注释】

①茈、碧:二字在此皆指代二物,即紫色和青碧色的石块。郝懿行注云:"茈、碧二物也;茈即茈石。"茈,紫也;碧,绿也。

【原文】

北百七十里,曰申山,其上多榖柞①,其下多杻橿②,其阳多金玉。区水出焉,而东流注于河③。

【注释】

①榖柞:即构树和柞树。
②杻橿:即杻树和橿树。
③河:黄河之专称。

【原文】

北二百里,曰鸟山,其上多桑,其下多楮①,其阴多铁,其阳多玉。辱水出焉,而东流注于河。

【注释】

①楮:音"楚",即构树,又称榖桑,与榖不同之处在于,构树有雌雄,雄者皮斑,为楮;雌者皮白,为榖;今且以《植物名实图考》之楮树称之,

以别于穀。

【原文】

又北百二十里，曰上申之山，上无草木，而多硌石①，下多榛楛②，兽多白鹿。其鸟多当扈③，其状如雉，以其髯④飞，食之不眴目⑤。汤水出焉，东流注于河。

【注释】

①硌：音"落"，大石块。郭璞注云："硌，磊硌，大石貌也；音'洛'。"

②榛：音"真"，即榛树，又名平榛，多年生草本，有芳香气味。楛：即荆树，落叶灌木或小乔木，有香味。郭璞注云："榛子似栗而小，味美；楛木可以为箭。《诗》云：榛楛济济。'臻怙'两音。"

③当扈：据郭郭注证，当扈或为鸵鸟，也可能是大鸨。

④髯：音"然"。郭璞注云："髯，咽下须毛也。"郭郭释为，身体上的毛经退化后变成的长长的毛。

⑤眴目：头晕眼花也。袁珂注云："即瞬目；音'舜'。"

【原文】

又北百八十里，曰诸次之山，诸次之水出焉，而东流注于河。是山也，多木无草，鸟兽莫居，是多众蛇①。

【注释】

①众蛇：诸本或解为"多蛇"，或解为"像蛇鸟"，若以"像蛇鸟"解之，则何以言"鸟兽莫居"？故解为多蛇似较通，古不以蛇为兽类。

【原文】

又北百八十里，曰号山，其木多漆、棕，其草多药、蘼、芎䓖①。多泠②石。端水出焉，而东流注于河。

【注释】

①药、蘼、芎䓖：郭璞注云："药，白芷别名；蘼，香草也；芎䓖一名江蓠。药音乌较反。"袁珂注云："芎䓖音穹穷，即川芎也。"蘼，音"肖"，据郭郛注证，药当为白芷叶之别称，而蘼亦白芷之古称，则药与蘼当并读也。

②泠：郭璞云："泠或音'金'，未详。"郝懿行注云："《说文》泠本字作涂，云泥也，盖石质柔软如泥者，今水中土中俱有此石也。"郭郛注证以为，此当为冷石，即滑石，又名屠石。

【原文】

又北二百二十里，曰盂山，其阴多铁，其阳多铜，其兽多白狼白虎①，其鸟多白雉②白翟。生水出焉，而东流注于河。

【注释】

①白狼白虎：此皆祥瑞之兽也。

②白雉：郭璞注云："或作白翟。"郝懿行注云："雉、翟一物二种，经白翟当为白翠。"白翠为宜，即白色翠鸟类。

【原文】

西二百五十里,曰白於之山,上多松柏,下多栎檀①,其兽多㸲牛、羬羊,其鸟多鸮②。洛水出于其阳,而东流注于渭;夹水出于其阴,东流注于生水。

【注释】

① 栎:即柞树。郭璞注云:"栎即柞。"檀:即青檀树。
② 鸮:音"枭",即猫头鹰。郭璞云:"鸮似鸠而青色。"

【原文】

西北三百里,曰申首之山,无草木,冬夏有雪。申水出于其上,潜于其下①,是多白玉。

【注释】

① 潜于其下:意谓河水在地下潜流。

【原文】

又西五十五里,曰泾谷之山,泾水出焉,东南流注于渭,是多白金①白玉。

【注释】

① 白金:即白银。颜师古注《汉书·食货志》曰:"金谓五色之金也,黄者曰金,白者曰银,赤者曰铜,青者曰铅,黑者曰铁。"《汉书·食货志》

又云："金有三等，黄金为上，白金为中，赤金为下。"孟康释之曰："白金，银也；赤金，丹阳铜也。"

【原文】

又西百二十里，曰刚山，多柒木①，多㻬琈之玉。刚水出焉，北流注于渭。是多神䰠②，其状人面兽身，一足一手，其音如钦③。

【注释】

①柒木：汪绂注云："柒即漆字。"

②䰠：音"斤"，当为一种动物或者怪物，其名为"神"。郭璞注云："䰠亦魑魅之类也。"

③钦：同"吟"，呻吟之意。郭璞注云："钦亦吟字假音。"

【原文】

又西二百里，至刚山之尾，洛水出焉，而北流注于河。其中多蛮蛮①，其状鼠身而鳖首，其音如吠犬。

【注释】

①蛮蛮：与前文蛮蛮鸟不同，此处乃一种野兽，郭郭注证释为水獭。

【原文】

又西三百五十里，曰英鞮①之山，上多漆木，下多金玉，鸟兽尽白。涴②水出焉，而北流注于陵羊之泽。是多冉遗之鱼③，鱼身蛇首六足，其目如马耳，食之使人不眯④，可以御凶。

上申之山其鸟多当扈，其状如雉。刚山多神䰠，其状人面兽身，一足一手。刚山之尾，其中多蛮蛮，其状鼠身而鳖首。英鞮之山，涴水出焉，是多冉遗之鱼。中曲之山，有兽焉，一角，虎牙爪，其名曰驳。

【注释】

①氐：音"低"。

②渕：音"渊"。

③冉遗之鱼：郝懿行注云："《太平御览》九三九卷引此经作无遗之鱼，疑即蒲夷之鱼也，见《北次三经》碣石之山下；蒲、无声相近，夷、遗声同。"郭郭注证释为蝾螈或肥螈。

④眯：梦魇之意。袁珂注曰：《庄子·天运篇》云，"彼不得梦，必且数眯焉。"释文引司马彪云："眯，厌也。"厌，俗作魇，即魇梦之义。此经文眯之正解也，与下文"可以御凶"之义亦合。

【原文】

又西三百里，曰中曲之山，其阳多玉，其阴多雄黄、白玉及金。有兽焉，其状如马，而白身黑尾，一角，虎牙爪，音如鼓，其名曰驳①，是食虎豹，可以御兵②。有木焉，其状如棠，而员叶赤实，实大如木瓜，名曰櫰③木，食之多力④。

【注释】

①驳：音"勃"。《尔雅》云："驳状如马，倨牙，食虎豹。"

②御兵：郭璞注云："养之辟兵刃也。"

③櫰：即槐树，《尔雅》云："櫰，槐，大叶而黑。"郭璞注云："音怀。"

④多力：郝懿行引《大戴礼记》注云："食木者多力而拂。"郭郭注证释为身体健壮。

【原文】

又西二百六十里，曰邽①山。其上有兽焉，其状如牛，蝟毛②，名曰穷奇，音如嗥狗③，是食人。濛水出焉，南流注于洋水，其中多黄贝④，蠃鱼⑤，鱼身而鸟翼，音如鸳鸯，见则其邑大水。

【注释】

① 邽：音"圭"。
② 蝟毛：刺猬似的毛。蝟，同"猬"。
③ 嗥狗：即狗嚎也。嗥，音"嚎"。
④ 黄贝：郭璞注云："贝，甲虫，肉如科斗，但有头尾耳。"郭郭注证释为骨螺。
⑤ 蠃鱼：即飞鱼。

【原文】

又西二百二十里，曰鸟鼠同穴之山①，其上多白虎、白玉。渭水出焉，而东流注于河。其中多鳋②鱼，其状如鳣鱼③，动④则其邑有大兵。滥水⑤出于其西，西流注于汉水。多䱤魮之鱼⑥，其状如覆铫⑦，鸟首而鱼翼⑧鱼尾，音如磬石之声，是生珠玉。

【注释】

① 鸟鼠同穴之山：郭璞注云："今在陇西首阳县西南，山有鸟鼠同穴，鸟名曰鵌，鼠名曰鼵。鼵如人家鼠而短尾，鵌似燕而黄色。穿地入数尺，

鼠在内，鸟在外而共处。孔氏《尚书传》曰：共为雌雄。张氏《地理记》云：不为牝牡也。"则此处乃是以异事命名也。

②鳋：音"骚"。郭郭注证解为鲟类。

③鳣鱼：中华鲟之古称。郭璞注云："鳣鱼，大鱼也，口在颌下，体有连甲也。"鳣，音"瞻"。

④动：郭璞以为此处有脱文。郭郭注证以为，动可理解为鳣鱼到上下游之间产卵，数量多、体积大，因而容易引发流域内各族因争抢食物而械斗。且存录之。

⑤滥：音"槛"。

⑥鳘鮅：郭璞注云："'如呲'两音。"郭郭注证释为钝吻鲟。

⑦覆：倒置也。铫：音"掉"。《说文》曰："铫，温器也。"即用于加热的锅壶，中间圆而大，两头粗短。

⑧鱼翼：可理解为鱼鳍。

【原文】

西南三百六十里，曰崦嵫①之山，其上多丹木②，其叶如榖，其实大如瓜，赤符③而黑理，食之已瘅，可以御火。其阳多龟，其阴多玉。苕水出焉，而西流注于海④，其中多砥砺⑤。有兽焉，其状马身而鸟翼，人面蛇尾，是好举人⑥，名曰孰湖。有鸟焉，其状如鸮而人面，雉⑦身犬尾，其名自号也，见则其邑大旱。

凡西次四经自阴山以下，至于崦嵫之山，凡十九山，三千六百八十里。其神祠礼，皆用一白鸡祈，糈以稻米，白菅为席。

右西经之山,凡七十七山,一万七千五百一十七里。

【注释】

①崦嵫:郭璞注云:"日没所入山也,见《离骚》。'奄兹'两音。"王逸注《离骚》"望崦嵫而勿迫"云:"崦嵫,日所入山也;下有蒙水,水中有虞渊。"

②丹木:即槭树,统称红色木。

③苻:毕沅注云:"借为柎也。"即花萼房。

④海:即西海。

⑤砥砺:磨刀石也。郭璞注云:"磨石也;精为砥,粗为砺也。"

⑥举人:郭璞云:"喜抱举人。"

⑦蜼:音"未",即金丝猴。郭璞注云:"蜼,猕猴属也,音赠遗之遗,一音诔,见《中山经》。尾又作毗。"

卷三　北山经

北山经

【原文】

北山经之首，曰单狐之山，多机木①，其上多华草②。滽③水出焉，而西流注于泑水，其中多芘石④、文石⑤。

【注释】

①机木：即今之桤木树。郭璞注云："机木似榆，可烧以粪稻田，出蜀中；音'饥'。"杨慎注云："即今之桤也。"

②华草：多花之草。郭郭注证以为，此即葫芦科植物之统称，现名高山黄花。

③滽：音"逢"。

④芘石：即紫石，紫色石块也。郝懿行注云："疑芘当为茈，茈古字假借为紫也。"

⑤文石：有纹案的石块。

【原文】

又北二百五十里，曰求如之山，其上多铜，其下多玉，无草木。滑水出焉，而西流注于诸毗之水。其中多滑鱼，其状如鱓①，赤背，其音如梧②，食之已疣③。其中多水马④，其状如马，而文臂⑤牛尾，其音如呼⑥。

【注释】

①鱓：即鳝鱼，俗称黄鳝。郭璞注云："鱓鱼似蛇；音'善'。"

②如梧：郭璞注云："如人相枝梧声；音吾子之'吾'。"

③疣：一种皮肤上形成突起或结节的良性病症。郭璞注云："疣，赘也。"

④水马：据郭郭注证，水马即在水草茂盛的草地中生活的野马，也可能是大型水鹿之类的动物。

⑤臂：郭璞注云："臂，前脚也。"

⑥如呼：即马呼哧呼哧鸣叫之声。郭璞注云："如人叫呼。"郝懿行注云："呼，谓马叱咤也。"

【原文】

又北三百里，曰带山，其上多玉，其下多青碧。有兽焉，其状如马，一角有错①，其名曰䑏②疏，可以辟火。有鸟焉，其状如乌，五采而赤文，名曰鵸䳜，是自为牝牡，食之不疽③。彭水出焉，而

　　求如之山，滑水出焉，其中多滑鱼，其状如鳝。带山有兽焉，其状如马，一角有错，其名曰䏰疏。有鸟焉，名曰鹠䳇，是自为牝牡。彭水出焉，而西流注于芘湖之水，其中多鯈鱼，其状如鸡而赤毛，三尾、六足、四目。谯明之山，谯水出焉，西流注于河。其中多何罗之鱼，一首而十身。有兽焉，其状如貆而赤豪，名曰孟槐。涿光之山，嚣水出焉，其中多鰼鰼之鱼，其状如鹊而十翼，鳞皆在羽端。

西流注于芘④湖之水，其中多儵⑤鱼，其状如鸡而赤毛，三尾、六足、四目，其音如鹊，食之可以已忧。

【注释】

①错：分支、分叉，意谓兽角有枝杈也。郭璞注云："言角有甲错也；或作厝。"

②臛：郭璞注云："音'欢'。"郭郭注证云："可作驩，强健的马。"

③不疽：不得痈疽之病。

④芘：当作"茈"字。

⑤儵：郭璞云："音'由'。"今音"条"，郭郭注证以为，此动物非鱼类，而是鸡稚类，或为稚鹑，也可能为条鸡。

【原文】

又北四百里，曰谯①明之山，谯水出焉，西流注于河。其中多何罗之鱼②，一首而十身，其音如吠犬③，食之已痈④。有兽焉，其状如貆⑤而赤豪，其音如榴榴，名曰孟槐，可以御凶⑥。是山也，无草木，多青雄黄。

【注释】

①谯：音"乔"。

②何罗之鱼：郭郭注证以为，此即胡子鲇。

③吠犬：即犬吠。

④痈：痈病、痈疮，一种皮肤病。

⑤ 豰：白豪，即白色的豪猪。

⑥ 御凶：郭璞注云："辟凶邪气也。"

【原文】

又北三百五十里，曰涿光之山，嚣水出焉，而西流注于河。其中多鳛鳛①之鱼，其状如鹊而十翼，鳞皆在羽端，其音如鹊，可以御火，食之不瘅②。其上多松柏，其下多棕橿，其兽多麢羊③，其鸟多蕃④。

【注释】

① 鳛：音"易"，今音"习"，即泥鳅。

② 瘅：音"但"，黄疸病。

③ 麢羊：羚羊也。麢，音"灵"。

④ 蕃：即猫头鹰类。郝懿行云：蕃通作"繁"，王逸注《楚辞》"繁鸟萃棘"曰：有鸮萃止。则蕃即鸮也，鸮者，枭也，即猫头鹰。

【原文】

又北三百八十里，曰虢①山，其上多漆②，其下多桐椐③。其阳多玉，其阴多铁。伊水出焉，西流注于河。其兽多橐驼④，其鸟多寓⑤，状如鼠而鸟翼，其音如羊，可以御兵。

【注释】

① 虢：音"国"。

②漆：漆树也。

③桐：桐树。椐：泡花树，又名灵寿木、龙须木，音"据"。《说文》释曰："椐，樻也。"

④橐驼：即骆驼。橐，音"驼"。

⑤寓：郝懿行注云："《方言》云：'寓，寄也'。"袁珂按，此经寓鸟，盖蝙蝠之类。郭郛注证以为，寓即寓鸟古称，又称天马，即今之蝙蝠。

【原文】

又北四百里，至于虢山之尾，其上多玉而无石。鱼水出焉，西流注于河，其中多文贝①。

【注释】

①文贝：有斑纹的贝壳类。

【原文】

又北二百里，曰丹熏之山，其上多樗柏①，其草多韭䪥②，多丹雘。熏水出焉，而西流注于棠水。有兽焉，其状如鼠，而菟③首麋耳，其音如嗥④犬，以其尾飞，名曰耳鼠⑤，食之不䐠⑥，又可以御百毒。

【注释】

①樗柏：樗树和柏树。樗，音"除"，即臭椿。

②韭：山韭也。䪥：音"谢"，多年生草本，又名大头菜子、野韭。郭璞注云："皆山菜；《尔雅》有其名。"

③菟：即兔也。

④嗥：音"豪"，同"嚎"。

⑤耳鼠：郭郭注证以为，此即鼯鼠科之飞鼠、毛耳飞鼠之类。

⑥脉：郭璞注云："脉，大腹也，见《禅苍》；音'采'。"此处可以理解为腹胀之病。

【原文】

又北二百八十里，曰石者之山，其上无草木，多瑶碧①。泚水出焉，西流注于河。有兽焉，其状如豹，而文题②白身，名曰孟极，是善伏③，其鸣④自呼。

【注释】

①瑶碧：据郭郭注证，此即孔雀石、紫石一类的铜矿石。

②文，同"纹"。题：额头。郭璞注云："题，额也。"袁珂按，颔，即额字。

③善伏：王崇庆注云："善伏，言善藏也；或伏卧之伏。"郭郭注证曰："此即豹之特点，捕物时常伏身潜行。"

④鸣：疑当为"名"。

【原文】

又北百一十里，曰边春之山，多葱①、葵②、韭、桃③、李④。杠水出焉，而西流注于泑泽。有兽焉，其状如禺而文身，善笑，见人则卧⑤，名曰幽鴳⑥，其鸣自呼。

【注释】

① 葱：郭璞注云："山葱，名茖，大叶。"
② 葵：冬葵也。
③ 桃：山桃，又名毛桃。郭璞注云："山桃，榹桃，子小，不解核也。"
④ 李：小乔木，果实名叫"苦李"，又名山李子。
⑤ 见人则卧：郭璞注云："言佯眠也。"郭郭注证以为，此意谓猕猴见人则静卧不动，怕人伤害也。
⑥ 幽鴳：郭郭注证以为，此即猕猴类。鴳，音"遏"，今音"厌"。

【原文】

又北二百里，曰蔓联之山①，其上无草木。有兽焉，其状如禺而有鬣②，牛尾、文臂、马蹄③，见人则呼，名曰足訾④，其鸣自呼。有鸟焉，群居而朋飞⑤，其毛如雌雉，名曰䴔⑥，其鸣自呼，食之已风⑦。

【注释】

① 蔓联：古音"万连"，今读"曼连"。郭璞注云："'万连'二音。"
② 鬣：马、狮子等动物颈上长毛。
③ 蹄：音"提"，通"蹄"。
④ 足訾：亦猕猴类也。訾，音"咨"。
⑤ 朋飞：结伴而飞，即集群飞翔。郭璞注云："朋犹辈也。"
⑥ 䴔：音"交"，郭郭注证以为，此即交鹊。
⑦ 风：郭郭释为风湿或者风病。

【原文】

又北百八十里,曰单张之山,其上无草木。有兽焉,其状如豹而长尾,人首而牛耳,一目,名曰诸犍①,善咤②,行则衔其尾,居则蟠③其尾。有鸟焉,其状如雉,而文首、白翼、黄足,名曰白鵺④,食之已嗌⑤痛,可以已痸⑥。栎水出焉,而南流注于杠水。

【注释】

①犍:音"建",《说文》释曰:"犗牛也。"
②咤:怒吼也,咆哮也。
③蟠:同"盘"。
④白鵺:即雪雉类。郝懿行注云:"此即白翰、白雉。"鵺,郭璞注云:"音'夜'。"
⑤嗌:郭璞注云:"嗌,咽也。《穀梁传》曰:嗌不容粒。今吴人呼咽为嗌,音隘。"
⑥痸:低能、傻子病。郭璞注云:"痸,痴病也。"郝懿行引《玉篇》注云:"不慧也。"

【原文】

又北三百二十里,曰灌题之山,其上多樗柘①,其下多流沙,多砥②。有兽焉,其状如牛而白尾,其音如訆③,名曰那父。有鸟焉,其状如雌雉而人面,见人则跃,名曰竦斯④,其鸣自呼也。匠韩之水出焉,而西流注于泑泽,其中多磁石⑤。

【注释】

①樗：樗树，即臭椿树。柘：柘树，落叶灌木或乔木类。

②砥：磨刀石。

③如讪：郭璞注云："如人呼唤；讪，音'叫'。"

④竦斯：郭郭注证释为石鸡。

⑤磁石：即吸铁石。郭璞注云："可以取铁。《管子》曰：山上有磁石者，下必有铜。音'慈'。"

【原文】

又北二百里，曰潘侯之山，其上多松柏，其下多榛楛，其阳多玉，其阴多铁。有兽焉，其状如牛，而四节①生毛，名曰旄牛②。边水出焉，而南流注于栎泽。

【注释】

①四节：四腿之关节。节，关节。

②旄牛：即牦牛。

【原文】

又北二百三十里，曰小咸之山，无草木，冬夏有雪。

北二百八十里，曰大咸之山，无草木，其下多玉。是山也，四方，不可以上。有蛇名曰长蛇，其毛如彘豪①，其音如鼓柝②。

【注释】

①豲：野猪。豪：长毛。
②如鼓柝：郭璞注云："如人行夜，敲木柝声；音'托'。"柝，音"唾"，古代打更用的梆子。

【原文】

又北三百二十里，曰敦薨①之山，其上多棕枏，其下多茈草②。敦薨之水出焉，而西流注于泑泽。出于昆仑之东北隅，实惟河原③。其中多赤鲑④，其兽多兕、旄牛，其鸟多尸鸠⑤。

【注释】

①薨：音"轰"。
②茈草：即紫草也。
③河原：黄河的源头。河，黄河；原，源头。
④赤鲑：郭璞注云："今名鯸鲐为鲑鱼；音'圭'。"郭郛注云："即红斑鲑。"
⑤尸鸠：即尸鹫。

【原文】

又北二百里，曰少咸之山，无草木，多青碧。有兽焉，其状如牛，而赤身、人面、马足，名曰窫窳①，其音如婴儿，是食人。敦水出焉，东流注于雁门之水，其中多鮃鮃之鱼②，食之杀人。

少咸之山有兽焉，其状如牛，而赤身、人面、马足，名曰窫窳。狱法之山，瀤泽之水出焉，而东北流注于泰泽。其中多䱱鱼，其状如鲤而鸡足。有兽焉，其状如犬而人面，其名曰山㺴。北岳之山，有兽焉，其状如牛，而四角、人目、彘耳，其名曰诸怀。诸怀之水出焉，其中多鮨鱼，鱼身而犬首。浑夕之山，有蛇一首两身，名曰肥遗。

【注释】

①窫窳：音"亚宇"。

②𩶲：即河豚。郭璞注云："音'沛'；未详。或作鲬。"毕沅注云："即鲖鱼也，一名江豚。"

【原文】

又北二百里，曰狱法之山。瀤①泽之水出焉，而东北流注于泰泽。其中多鱲②鱼，其状如鲤而鸡足，食之已疣。有兽焉，其状如犬而人面，善投，见人则笑，其名曰山㺄③，其行如风，见则天下大风。

【注释】

①瀤：音"怀"。

②鱲：音"藻"。

③㺄：郭璞注云："音'晖'。"郭郛注证以为，此即长臂猿类。

【原文】

又北二百里，曰北岳之山，多枳棘刚木①。有兽焉，其状如牛，而四角、人目、彘耳，其名曰诸怀，其音如鸣雁，是食人。诸怀之水出焉，而西流注于嚣水，其中多鮨②鱼，鱼身而犬首，其音如婴儿，食之已狂。

【注释】

①枳：枸橘也。棘：酸枣也。刚木：郭郛注证以为，此即柘树；郭

璞注云："檀柘之属。"

②鲐：郭璞注云："音'诣'。"郭郛注证云："鲐即鲐科鱼类，如花鲈、鳜鱼等。"

【原文】

又北百八十里，曰浑夕之山，无草木，多铜玉。嚣水出焉，而西北流注于海。有蛇一首两身，名曰肥遗，见则其国大旱。

又北五十里，曰北单之山，无草木，多葱韭①。

又北百里，曰罴差之山，无草木，多马②。

【注释】

①葱韭：山葱、山韭也。

②马：郭璞注云："野马也，似马而小。"郭郛注证云："即今野蒙古马也。"

【原文】

又北百八十里，曰北鲜之山，是多马。鲜水出焉，而西北流注于涂吾之水。

又北百七十里，曰隄山，多马。有兽焉，其状如豹而文首，名曰狕①。隄水出焉，而东流注于泰泽，其中多龙龟②。

【注释】

①狕：音"咬"，《玉篇》曰："狕，兽名也。"郭郛注证以为，此即小豹，

或金猫也。

②龙龟：郝懿行注云："龙、龟二物也；或是一物，疑即吉吊也，龙种龟身，故曰龙龟。"袁珂注：龙龟当是一物。郭郭注证以为，龙即鳄，龟即水龟。

【原文】

凡北山经之首，自单狐之山至于隄山，凡二十五山，五千四百九十里，其神皆人面蛇身。其祠之：毛用一雄鸡彘瘗，吉玉用一珪，瘗而不糈①。其山北人，皆生食不火之物②。

【注释】

①瘗而不糈：郭璞注云："言祭不用米，皆薶其所用牲玉。"
②不火之物：据郭郭注证，此即谓生吃其物，而不用火烧烤煮熟也。

北次二经

【原文】

北次二经之首，在河之东，其首枕汾①，其名曰管涔②之山。其上无木而多草，其下多玉。汾水出焉，而西流注于河。

【注释】

①枕：靠近、临近之意。《汉书·严助传》有云："会稽东接于海，南近诸越，北枕大江。"汾：音"焚"，即汾水也。

②浺：音"岑"。

【原文】

又北二百五十里，曰少阳之山，其上多玉，其下多赤银①。酸水出焉，而东流注于汾水，其中多美赭②。

【注释】

①赤银：郭璞注云："银之精者也。"章鸿钊以为此即今之赤铁矿。

②赭：红土也。《管子》曰："山上有赭者，其下有铁。"

【原文】

又北五十里，曰县雍①之山，其上多玉，其下多铜，其兽多闾麋②，其鸟多白翟白鵰③。晋水出焉，而东南流注于汾水。其中多鮆鱼④，其状如儵⑤而赤麟⑥，其音如叱⑦，食之不骄⑧。

【注释】

①县：同"悬"。雍：音"瓮"。

②闾麋：郭郛注证释为北山羊。郭璞注云："闾即羭也，似驴而岐蹄，角如麢羊，一名山驴。"

③白鵰：郭璞注云："即白鹇也；音于六反。"袁珂注云："白鹇即白翰。"鵰，音"有"。

④鮆：袁珂注云，音"咨"；郭璞注云："一名刀鱼。"

⑤儵：音"书"，郭璞注云，"小鱼曰儵。"郭郛注证释为白鲦鱼。

⑥麟：即鳞也，鱼鳞。

⑦叱：怒吼也，咆哮也。

⑧骄：郭璞注云："或作骚，骚臭也。"郝懿行注云："骚臭盖即蕴羝之疾，俗名狐骚也。"

【原文】

又北二百里，曰狐岐之山，无草木，多青碧。胜水出焉，而东北流注于汾水，其中多苍玉。

又北三百五十里，曰白沙山，广员三百里，尽沙也，无草木鸟兽。鲔①水出于其上，潜于其下②，是多白玉。

又北四百里，曰尔是之山，无草木，无水。

又北三百八十里，曰狂山，无草木。是山也，冬夏有雪。狂水出焉，而西流注于浮水，其中多美玉。

又北三百八十里，曰诸馀之山，其上多铜玉，其下多松柏。诸馀之水出焉，而东流注于旄水。

【注释】

①鲔：音"尾"。

②出于其上，潜于其下：意谓从山顶上发源，在山脚则又潜入地下。郭璞注云："出山之顶，停其底也。"

【原文】

又北三百五十里，曰敦头之山，其上多金玉，无草木。旄水出焉，而东流注于邛泽。其中多驳马①，牛尾而白身，一角，其音如呼。

【注释】

①驳：音"勃",《初学记》引《南越志》云："平定县东巨海有驳马，似马，牛尾，一角。"

【原文】

又北三百五十里，曰钩吾之山，其上多玉，其下多铜。有兽焉，其状羊身人面，其目在腋下，虎齿人爪，其音如婴儿，名曰狍鸮①，是食人。

【注释】

①狍鸮：音"咆肖"。郭璞注云："为物贪惏，食人未尽，还害其身，像在夏鼎，《左传》所谓饕餮是也。"

【原文】

又北三百里，曰北嚣之山，无石，其阳多碧，其阴多玉。有兽焉，其状如虎，而白身犬首，马尾彘鬣，名曰独狢①。有鸟焉，其状如乌，人面，名曰𪃟鹛②，宵飞而昼伏，食之已暍③。涔水出焉，而东流注于邛④泽。

【注释】

①狢：郭璞注云："音'谷'。"独狢：郭郭注证释为东北虎亚种。
②𪃟鹛：郭璞注云："'般冒'两音，或作夏也。"郭郭注证以为，此

当为鸺鹠类,亦名小鸮,鸱鸮科,俗名夜猫子。

③暍:音"夜",中暑也。郭璞注云:"中热也。音'谒'。"

④邛:音"穷"。

【原文】

又北三百五十里,曰梁渠之山,无草木,多金玉。脩水出焉,而东流注于雁门①。其兽多居暨②,其状如彙③而赤毛,其音如豚。有鸟焉,其状如夸父④,四翼、一目、犬尾,名曰嚣⑤,其音如鹊,食之已腹痛,可以止衕⑥。

【注释】

①雁门:即雁门河。

②居暨:郭郭注证释为短刺猬类,又名长耳刺猬。

③彙:即刺猬。郭璞云:"彙,似鼠,(赤)毛如刺(猬)也;彙音'渭'。"郭郭注证"彙"作"猬"。

④夸父:即《西次三经》崇吾山之夸父;即猕猴类。

⑤嚣:音"肖"。

⑥止衕:郭璞注云:"治洞下也。"衕,腹泻之病,《玉篇》曰:"衕,下也。"

【原文】

又北四百里,曰姑灌之山,无草木,是山也,冬夏有雪。

又北三百八十里,曰湖灌之山,其阳多玉,其阴多碧,多马。

梁渠之山其兽多居暨，有鸟焉，四翼、一目、犬尾，名曰嚣。归山有兽焉，其状如麢羊而四角，其名曰䍺。有鸟焉，其状如鹊，白身、赤尾、六足，其名曰鶌。龙侯之山，决决之水出焉，其中多人鱼。马成之山，有兽焉，其状如白犬而黑头，见人则飞，其名曰天马。有鸟焉，其状如乌，首白而身青、足黄，是名曰鶌鶋。

湖灌之水出焉，而东流注于海①，其中多鳝②。有木焉，其叶如柳而赤理。

【注释】

①海：据郭郭注证，此当为渤海。
②鳝：音"善"，通"鳝"，即鳝鱼，又称黄鳝。

【原文】

又北水行五百里，流沙三百里，至于洹山①，其上多金玉。三桑②生之，其树皆无枝，其高百仞。百果树生之③。其下多怪蛇。

【注释】

①洹：音"还"。
②三桑：据袁珂注，《海外北经》中"三桑无枝，在欧丝东，其基本长百仞"，即此。郭郭注证以为，三桑之名是地名，也是事物名。
③百果树生之：可以理解为这里周围生长着很多种果树。百，意谓很多。

【原文】

又北三百里，曰敦题之山，无草木，多金玉。是錞①于北海。

凡北次二经之首，自管涔之山至于敦题之山，凡十七山，五千六百九十里。其神皆蛇身人面。其祠：毛用一雄鸡彘瘗②；用一璧一珪，投而不糈③。

【注释】

①錞：同"蹲"。

②瘗：即埋也，埋入地下之意。

③投而不糈：意谓将玉投入山中，而不用谷物类祭神。郭璞注云："掷玉于山中以礼神，不埋之也。"毕沅注曰："言不陈列器具。"不糈，袁珂注云："不以精米祠也。"

北次三经

【原文】

北次三经之首，曰太行之山。其首曰归山，其上有金玉，其下有碧。有兽焉，其状如羚羊而四角，马尾而有距，其名曰䮝①，善还②，其名自讪③。有鸟焉，其状如鹊，白身、赤尾、六足，其名曰鹎④，是善惊⑤，其鸣自詨⑥。

【注释】

①䮝：郭璞注云："音'灰'。"郭郛注证曰："䮝，《辞源》音'浑'。"郭郛释为马鹿，亦名赤鹿。

②还：袁珂注云："还音'旋'，盘旋而舞也。"

③讪：同"叫"。

④鹎：音"奔"。

⑤善惊：可以理解为容易受惊而飞。
⑥该：呼叫之意。郭璞注云："今吴人谓呼为该，音呼交反（即'笑'）。"

【原文】

又东北二百里，曰龙侯之山，无草木，多金玉。决决之水出焉，而东流注于河。其中多人鱼①，其状如鲑鱼②，四足，其音如婴儿，食之无痴疾③。

【注释】

①人鱼：即鲵，俗称娃娃鱼。
②鲑：即小鲵，蝾螈科。郭璞注云："或曰，人鱼即鲵也，似鲇而四足，声如小儿啼，今亦呼鲇为鲑；音'蹄'。"
③痴疾：低能之病。痴，《说文》释为不慧也。

【原文】

又东北二百里，曰马成之山，其上多文石，其阴多金玉。有兽焉，其状如白犬而黑头，见人则飞①，其名曰天马②，其鸣自训。有鸟焉，其状如乌，首白而身青、足黄，是名曰鹍鹍③，其鸣自该，食之不饥，可以已寓④。

【注释】

①见人则飞：郭璞注云："言肉翅飞行自在。"郭郛注证云："此言蝙

蝠有飞膜，能飞。"

②天马：郭郭注证释为蝙蝠类。

③鶌鶋：郭璞注云，"屈居"二音。郭郭注证释为灰斑鸠。

④寓：袁珂注云，寓同"瘑"，疣病也；郭郭注证释为疣子，即瘊子、疣疮。

【原文】

又东北七十里，曰咸山，其上有玉，其下多铜，是多松柏，草多茈草。条菅之水出焉，而西南流注于长泽。其中多器酸①，三岁一成，食之已疠②。

【注释】

①器酸：王崇庆注云："器酸或物之可食而酸者，如解州盐池出盐之类；盖泽水止而不流，积久或酸，故曰三年一成。"郭郭注证以为，此二字或当为"酸器"，酸乃盐之古字，即结晶盐所形成的块状物，类似于器具，则酸器即为盐器。

②疠：音"力"，郭郭注证释为颈间结核病之统称，或泛指颈项间结核和瘿病，即大脖子病也。

【原文】

又东北二百里，曰天池之山，其上无草木，多文石。有兽焉，其状如兔而鼠首，以其背飞①，其名曰飞鼠。渑水②出焉，潜于其下，其中多黄垩③。

天池之山，有兽焉，其状如兔而鼠首，以其背飞，其名曰飞鼠。阳山，有兽焉，其状如牛而尾，其颈䖈，其状如句瞿，其名曰领胡。有鸟焉，其状如雌雉，而五采以文，是自为牝牡，名曰象蛇。留水出焉，其中有䱱父之鱼。景山，有鸟焉，其状如蛇，而四翼、六目、三足，名曰酸与。发鸠之山，有鸟焉，其状如乌，文首、白喙、赤足，名曰精卫。泰戏之山，有兽焉，其状如羊，一角一目，目在耳后，其名曰㺊㺊。

【注释】

①以其背飞：郭璞注云："用其背上毛飞，飞则仰也。"

②澠：音"绳"。

③黄垩：可用来涂饰的有色土。郭璞注云："垩，土也。"

【原文】

又东三百里，曰阳山，其上多玉，其下多金铜。有兽焉，其状如牛而赤尾，其颈䕂①，其状如句瞿②，其名曰领胡③，其鸣自詨④，食之已狂。有鸟焉，其状如雌雉，而五采以文，是自为牝牡，名曰象蛇⑤，其鸣自詨。留水出焉，而南流注于河。其中有鲉父⑥之鱼，其状如鲋鱼⑦，鱼首而彘身，食之已呕⑧。

【注释】

①䕂：袁珂注云："䕂音'肾'。"郭郭注证以为，此或当为"䏏"字，即突出的肉，此处作"突起"解。

②句瞿：音"勾渠"。郭郭注证曰："句瞿乃容器斗的名字，此处释为肉瘤、突起肉堆等。"

③领胡：郭郭注证解为瘤牛，又名印度牛，中国古名领胡、爆牛等。

④詨：音"笑"，呼叫、大叫也。

⑤象蛇：郭郭注证解为白马雉或长尾雉，又称角鸡或耳鸡。

⑥鲉父：郭郭注证解为鳡鱼类；捕食其他鱼类，味美，生长迅速。鲉：音"陷"。

⑦鲋鱼：即鲫鱼。

⑧呕：《说文》释曰，吐也；即呕吐之病。

【原文】

又东三百五十里，曰贲①闻之山，其上多苍玉，其下多黄垩，多涅石②。

【注释】

①贲：音"奔"。

②涅石：矾石也，即今矾土石或明矾石。高诱注《淮南子·俶真训》"以涅染缁"云："涅，矾石也。"

【原文】

又北百里，曰王屋之山，是多石。㶒①水出焉，而西北流注于泰泽。

【注释】

①㶒：郭璞注云，音"辇"。

【原文】

又东北三百里，曰教山，其上多玉而无石。教水出焉，西流注于河，是水冬干而夏流，实惟干河①。其中有两山。是山也，广员三百步，其名曰发丸之山，其上有金玉。

【注释】

①干河:即枯水河,时令河、季节性河流也。

【原文】

又南三百里,曰景山,南望盐贩之泽,北望少泽,其上多草、诸㦿①,其草多秦椒②,其阴多赭③,其阳多玉。有鸟焉,其状如蛇,而四翼、六目、三足,名曰酸与④,其鸣自诙,见则其邑有恐⑤。

【注释】

①诸㦿:郭璞注云:"根似羊蹄,可食。'曙豫'二音。"郝懿行注云:"即今之山药也。"郭郛注云:"即薯蓣,别名淮山药、野白薯等。"

②秦椒:郭璞注云:"子似椒而细叶,草也。"郭郛注证释为竹叶椒,又名野花椒、山胡椒,可作花椒代用品,芸香科灌木。

③赭:红土也。

④酸与:即长尾雉。

⑤恐:恐慌、慌乱之意。

【原文】

又东南三百二十里,曰孟门之山,其上多苍玉,多金,其下多黄垩,多涅石。

又东南三百二十里,曰平山,平水出于其上,潜于其下,是多美玉。

又东二百里,曰京山,有美玉,多漆木,多竹,其阳有赤铜①,其阴有玄䃤②。高水出焉,南流注于河③。

【注释】

①赤铜:即铜,此处作铜矿石解。

②玄䃤:郭璞注云,"黑砥石也。"袁珂按,䃤,音竹条之"条"。郭郭注证曰,此即黑铁矿石。

③河:黄河之专称也。

【原文】

又东二百里,曰虫尾之山,其上多金玉,其下多竹,多青碧。丹水出焉,南流注于河。薄水出焉,而东南流注于黄泽。

又东三百里,曰彭毗①之山,其上无草木,多金玉,其下多水。蚤林之水出焉,东南流注于河。肥水出焉,而南流注于床水,其中多肥遗之蛇。

又东百八十里,曰小侯之山,明漳之水出焉,南流注于黄泽。有鸟焉,其状如乌而白文,名曰鸪𫛢②,食之不灂③。

【注释】

①毗:音"皮"。

②鸪𫛢:郭璞注云:"'姑习'二音。"即鸲鸪鸟。

③灂:音"叫",即眼睛昏蒙也。郭郭注证以为,灂同"嚼",不灂,释为肉嫩鲜美,不用大嚼,即行吞食。

【原文】

又东三百七十里，曰泰头之山，共①水出焉，南注于虖沱②。其上多金玉，其下多竹箭③。

【注释】

①共：音"恭"。
②虖沱：郭璞注云："'呼佗'二音。"下同。
③竹箭：可解作丛生的细毛竹；详见前注。

【原文】

又东北二百里，曰轩辕之山，其上多铜，其下多竹。有鸟焉，其状如枭而白首，其名曰黄鸟，其鸣自詨，食之不妒。

又北二百里，曰谒戾①之山，其上多松柏，有金玉。沁水出焉，南流注于河。其东有林焉，名曰丹林。丹林之水出焉，南流注于河。婴侯之水出焉，北流注于汜水。

【注释】

①谒戾："夜力"二音。

【原文】

东三百里，曰沮洳①之山，无草木，有金玉。濝②水出焉，南流注于河。

【注释】

①沮：音"举"。洳：音"如"。
②藻：音"其"。

【原文】

又北三百里，曰神囷之山①，其上有文石，其下有白蛇，有飞虫。黄水出焉，而东流注于洹②。滏③水出焉，而东流注于欧水。

【注释】

①囷：音"逡"。
②洹：郭璞注云："洹音'丸'。"今音"环"。
③滏：音"斧"。

【原文】

又北二百里，曰发鸠之山，其上多柘木①。有鸟焉，其状如乌，文首、白喙、赤足，名曰精卫，其鸣自詨。是炎帝之少女名曰女娃，女娃游于东海，溺而不返，故为精卫，常衔西山之木石，以堙②于东海。漳水出焉，东流注于河。

又东北百二十里，曰少山，其上有金玉，其下有铜。清漳之水出焉，东流注于浊漳之水。

【注释】

①柘木：即柘，桑科；详见前注。

②堙：郭璞注云："堙，塞也；音'因'。"

【原文】

又东北二百里，曰锡山，其上多玉，其下有砥。牛首之水出焉，而东流注于滏水。

又北二百里，曰景山，有美玉。景水出焉，东南流注于海泽。

又北百里，曰题首之山，有玉焉，多石，无水。

又北百里，曰绣山，其上有玉、青碧。其木多栒①，其草多芍药、芎䓖②。洧③水出焉，而东流注于河，其中有鳠④、黾⑤。

【注释】

①栒：郭璞注云："木中枚也。音'荀'。"郭郛注证云，此为栒树，分为水栒子和灰栒子两种，此处当为灰栒子。

②芎䓖：即川芎；详见前注。

③洧：音"尾"。

④鳠：音"互"；郭璞注云："鳠似鲇而大，白色也。"郭郛注证释为大鳍鳠；鱼纲，鲿科。

⑤黾：音"猛"，郭璞注云："黾似虾蟆，小而青；或曰，鳠黾一物名耳。"《尔雅·释鱼》曰："在水者黾。"郭郛注证以为，此即泽蛙，又称梆声蛙。

【原文】

又北百二十里，曰松山，阳水出焉，东北流注于河。

又北百二十里，曰敦与之山，其上无草木，有金玉。溹[①]水出于其阳，而东流注于泰陆之水；泜[②]水出于其阴，而东流注于彭水。槐水出焉，而东流注于泜泽。

【注释】

①溹：音"索"。
②泜：音"之"。

【原文】

又北百七十里，曰柘山，其阳有金玉，其阴有铁。历聚之水出焉，而北流注于洧[①]水。

【注释】

①洧：音"尾"。

【原文】

又北三百里，曰维龙之山，其上有碧玉，其阳有金，其阴有铁。肥水出焉，而东流注于皋泽，其中多礨石[①]。敞铁之水出焉，而北流注于大泽。

【注释】

①礨石：意谓高低不平的大石块。郭璞注云："或作垒，磈垒，大石貌。或曰石名。"汪绂注云："言肥水中多磈礨大石也。"礨，音"垒"。

【原文】

又北百八十里，曰白马之山，其阳多石玉，其阴多铁，多赤铜。木马之水出焉，而东北流注于虖沱。

又北二百里，曰空桑之山，无草木，冬夏有雪。空桑之水出焉，东流注于虖沱。

又北三百里，曰泰戏之山，无草木，多金玉。有兽焉，其状如羊，一角一目，目在耳后，其名曰䍶䍶①，其鸣自詨。虖沱之水出焉，而东流注于溇②水。液③女之水出于其阳，南流注于沁水。

【注释】

①䍶䍶：郭璞注云："音屋栋之'栋'。"郭郛注证云："此即班羚；亦称山羊、野羊。"

②溇：音"楼"。

③液：郭璞注云："液，音悦怿之'怿'。"

【原文】

又北三百里，曰石山，多藏金玉。濩濩①之水出焉，而东流注于虖沱；鲜于之水出焉，而南流注于虖沱。

【注释】

①濩：郭璞注云："音尺蠖之'蠖'。"

【原文】

又北二百里，曰童戎之山。皋涂之水出焉，而东流注于溇液水。

又北三百里，曰高是之山。滋水出焉，而南流注于虖沱，其木多棕，其草多条。滱①水出焉，东流注于河。

【注释】

①滱：音"寇"。

【原文】

又北三百里，曰陆山，多美玉。𨛬①水出焉，而东流注于河。

【注释】

①𨛬：音"将"。

【原文】

又北二百里，曰沂①山。般②水出焉，而东流注于河。

【注释】

①沂：郭璞注云："音'祈'。"今读作"疑"。
②般：郭璞注云："音'盘'。"

【原文】

北百二十里，曰燕山，多婴石①。燕水出焉，东流注于河。

【注释】

①婴石：多彩的石头。郭璞注云："言石似玉有符彩婴带，所谓燕石者。"

【原文】

又北山行五百里，水行五百里，至于饶山。是无草木，多瑶碧，其兽多橐駞①，其鸟多鹠②。历虢③之水出焉，而东流注于河。其中有师鱼④，食之杀人。

【注释】

①橐駞：即橐驼，骆驼也。駞，音"驼"，同"驼"。

②鹠：《尔雅》谓之怪鸟也。郭郭注证云，此即鸥鹠科鸺鹠之统称或简称，又名小鸦。

③虢：音"国"。

④师鱼：河豚之一种，也可作鲥鱼，即星弓东方鲀，生殖腺和肝脏血液中有毒素。

【原文】

又北四百里，曰乾山，无草木，其阳有金玉，其阴有铁而无水。有兽焉，其状如牛而三足，其名曰獂①，其鸣自詨。

【注释】

①獂：音"原"；郭郭注证以为，此即中国原牛，哺乳类，牛科，全

身黑色。

【原文】

又北五百里,曰伦山。伦水出焉,而东流注于河。有兽焉,其状如麋①,其川在尾上②,其名曰羆九③。

【注释】

①麋:音"弥",鹿也。
②其川在尾上:可理解为尾巴短,不能完全遮住肛门与两股之间的缝隙。川,郭璞注云:"川,窍也。"郭郭注证云:"川,股缝也;即肛门和两股之间的缝隙。"
③羆:音"皮",即棕熊类。

【原文】

又北五百里,曰碣①石之山,绳水出焉,而东流注于河,其中多蒲夷之鱼②。其上有玉,其下多青碧。

【注释】

①碣:音"节"。
②蒲夷:袁珂注云,蒲夷鱼疑即冉遗鱼,已见《西次四经》英鞮之山。郭郭注证云,夷即中华鲟;蒲与爬音相近,蒲夷鱼即爬岩鲮鱼。

【原文】

又北水行五百里,至于雁门之山,无草木。

乾山，有兽焉，其状如牛而三足，其名曰獂。伦山，有兽焉，其状如麋，其川在尾上，其名曰羆九。錞于毋逢之山，是有大蛇，赤首白身。凡北次三经之首，凡四十六山，其神状皆马身而人面者廿神。其十四神状皆彘身而载玉。其十神状皆彘身而八足蛇尾。

又北水行四百里，至于泰泽。其中有山焉，曰帝都之山，广员百里，无草木，有金玉。

又北五百里，曰錞①于毋逢之山，北望鸡号之山，其风如飉②。西望幽都之山，浴水出焉。是有大蛇，赤首白身，其音如牛，见则其邑大旱。

【注释】

①錞：同"镦"；见前注。

②飉：郭璞注云："飉，急风貌也。音'戾'。或云：飘风也。"《说文》释曰：同"力"；《玉篇》云，"急也。"

【原文】

凡北次三经之首，自太行之山以至于毋逢之山，凡四十六山，万二千三百五十里。其神状皆马身而人面者廿①神。其祠之：皆用一藻茝②瘗之。其十四神状皆彘身而载③玉。其祠之：皆玉，不瘗④。其十神状皆彘身而八足蛇尾。其祠之：皆用一璧瘗之。大凡四十四神，皆用稌糈米祠之。此皆不火食⑤。

右北经之山志，凡八十七山，二万三千二百三十里。

【注释】

①廿：音"念"，二十之意。

②藻茝：郭璞注云："藻，聚藻；茝，香草，兰之类。"江绍原《中国

古代旅行之研究》疑是藻珪之误。藻，藻玉也，郭璞注云："玉有浮彩者。"茝，《玉篇》释曰：香草也，或音"只"，白芷古称。

③载：同"戴"。

④不瘗：郭璞注云："不埋所用玉也。"

⑤不火食：郝懿行注云："皆生食不火之物。"郭郭注证云："此谓祭神之物皆不用熟食。"

卷四　东山经

东山经

【原文】

东山经之首，曰樕䗅①之山，北临乾昧②。食水出焉，而东北流注于海。其中多鳙鳙之鱼③，其状如犁牛④，其音如彘鸣。

【注释】

①樕䗅：郭璞注云："'速株'二音。"
②乾昧：郭璞注云："亦山名也。（昧）音'妹'。"
③鳙鳙之鱼：即海牛。鳙：《说文》释曰，鱼名；徐广注《史记·司马相如传》"有禺禺"云，鱼牛也；郭郭注证以为，此处鳙鳙即禺禺，人称海牛。
④犁牛：即留牛、黄牛之类，详见前注。

【原文】

又南三百里,曰蔞①山,其上有玉,其下有金。湖水出焉,东流注于食水,其中多活师②。

【注释】

①蔞:音"垒"。
②活师:即蝌蚪也。郭璞注云:"科斗也,《尔雅》谓之活东。"

【原文】

又南三百里,曰枸①状之山,其上多金玉,其下多青碧石。有兽焉,其状如犬,六足,其名曰从从,其鸣自詨。有鸟焉,其状如鸡而鼠毛,其名曰䖪鼠②,见则其邑大旱。汜③水出焉,而北流注于湖水。其中多箴鱼④,其状如儵⑤,其喙如箴⑥,食之无疫疾。

【注释】

①枸:音"旬"。
②䖪鼠:郝郝注证以为,此乃鸡之一种,乌骨鸡之祖型。䖪,音"咨"。
③汜:郭璞注云:"音'枳'。"郭郝注云:当为"淄"音,同"淄"。
④箴鱼:又称针鱼,鳡科类。
⑤儵:郝懿行注云,儵即鯈字。鯈,即鲦鱼也。
⑥箴:同"针"。

【原文】

又南三百里,曰勃𪋤①之山,无草木,无水。

【注释】

①𪋤:汪绂注云:"𪋤,古齐字。"

【原文】

又南三百里,曰番条之山,无草木,多沙。减水出焉,北流注于海,其中多鳡鱼①。

【注释】

①鳡鱼:郭璞注云:"一名黄颊。音'感'。"郭郛注证释为今鳡鱼,鲤科,又名大黄钻。

【原文】

又南四百里,曰姑儿之山,其上多漆①,其下多桑柘。姑儿之水出焉,北流注于海,其中多鳡鱼。

【注释】

①漆:即漆树。

【原文】

又南四百里,曰高氏之山,其上多玉,其下多箴石①。诸绳之水出焉,东流注于泽,其中多金玉。

【注释】

①箴石：能够用来作为砭针的石块。箴，同"针"。

【原文】

又南三百里，曰岳山，其上多桑，其下多樗①。泺②水出焉，东流注于泽，其中多金玉。

【注释】

①樗：音"出"，樗树，即臭椿。
②泺：音"洛"。

【原文】

又南三百里，曰犲①山，其上无草木，其下多水，其中多堪䝙②之鱼。有兽焉，其状如夸父而彘毛，其音如呼，见则天下大水。

【注释】

①犲：音"柴"，即豺字古体。
②堪䝙：郭郭注证释为鲟鱼，或者鲢鱼类。䝙，音"序"，同"鲟"。

【原文】

又南三百里，曰独山，其上多金玉，其下多美石。末涂之水出焉，而东南流注于沔①，其中多𩶠蠩②，其状如黄蛇，鱼翼，出入有光，见则其邑大旱。

【注释】

①沔：音"免"。

②鲦鳙：郭璞注云："'条容'二音。"郭郭注证释为胖头鱼之类。

【原文】

又南三百里，曰泰山，其上多玉，其下多金。有兽焉，其状如豚而有珠①，名曰狪狪②，其鸣自讥。环水出焉，东流注于江③，其中多水玉④。

【注释】

①珠：郭郭注证以为，此即猪体内结石，俗名黄猪、猪石等。

②狪狪：即腹有结石之猪，狪，音"通"。

③江：即汶水河。

④水玉：即水晶也。

【原文】

又南三百里，曰竹山，锌于江，无草木，多瑶碧。激水出焉，而东南流注于娶檀之水，其中多茈蠃①。

【注释】

①茈蠃：紫色蠃也。郝懿行注云，蠃当为蠃，字之讹。

【原文】

凡东山经之首，自樕蟲之山以至于竹山，凡十二山，三千六百里。其神状皆人身龙首。祠：毛用一犬祈，聊^①用鱼。

【注释】

①聊：音"二"，通"衈"，即杀死祭牲取血以洗涤器物并祭祀之意。郭璞注云："以血涂祭为聊也。"

东次二经

【原文】

东次二经之首，曰空桑之山，北临食水，东望沮吴^①，南望沙陵，西望㴅^②泽。有兽焉，其状如牛而虎文，其音如钦^③，其名曰軨軨^④，其鸣自叫，见则天下大水。

【注释】

①沮吴：郭郭注证以为，沮吴可能即是沮吴山、俎徕山。

②㴅：音"敏"。

③钦：即"吟"。

④軨軨：郭璞注云："音'灵'。"郭郭注证释为麠羚，牛科。

【原文】

又南六百里，曰曹夕之山，其下多榖^①而无水，多鸟兽。

葛山之首，澧水出焉，东流注于余泽，其中多珠蟞鱼，其状如肺而四目，六足有珠。馀峨之山，东流注于黄水。有兽焉，其状如菟而鸟喙，鸱目蛇尾，见人则眠，名曰犰狳。耿山，有兽焉，其状如狐而鱼翼，其名曰朱獳。卢其之山，沙水出焉，南流注于涔水，其中多鵹鹕，其状如鸳鸯而人足。姑逢之山，有兽焉，其状如狐而有翼，其名曰獙獙。凫丽之山，有兽焉，其状如狐，而九尾、九首、虎爪，名曰蛊蛭。

【注释】

①榖：构树。

【原文】

又西南四百里，曰崞皋①之山，其上多金玉，其下多白垩，崞皋之水出焉，东流注于激女之水，其中多蜃珧②。

【注释】

①崞皋：音"亦高"。

②蜃：音"甚"，大蚌，即河蚌或珠蚌。珧：音"尧"，即江珧，亦称干贝。郭璞注云："蜃，蚌也；珧，玉珧，亦蚌属；《尔雅》曰，蜃小者珧。珧即小蚌也。"

【原文】

又南水行五百里，流沙三百里，至于葛山之尾，无草木，多砥砺。

又南三百八十里，曰葛山之首，无草木。澧①水出焉，东流注于余泽，其中多珠鳖鱼②，其状如肺③而四目，六足有珠，其味酸甘，食之无疠④。

【注释】

①澧：音"礼"。

②珠鳖鱼：《吕氏春秋》有朱鳖，郝懿行以为珠鳖当作朱鳖；郭郭注证以为，珠指卵或子，珠鳖即通常所说的孕子的鳖、怀卵的鳖，此说较

牵强，且存录之。蟄，音"鳖"。

③肺：音"费"，同"肺"。

④无疠：即不得时令季节性疾病。郭璞注云："无时气病也。"

【原文】

又南三百八十里，曰𬉼峨之山，其上多梓楠，其下多荆芑①。杂余之水出焉，东流注于黄水。有兽焉，其状如菟②而鸟喙，鸱目蛇尾，见人则眠③，名曰犰狳④，其鸣自讦，见则螽蝗为败⑤。

【注释】

①芑：音"起"，同"杞"。

②菟：兔也。

③见人则眠：可以理解为一旦看见人就假装僵死。郭璞注云："言佯死也。"

④犰狳：音"求鱼"，现今仅见于美洲大陆，中国已无此兽。

⑤螽蝗为败：意谓蝗虫会糟践庄稼。郭璞注之云："言伤败田苗。"又据郭郭解释，今犰狳以飞蝗等昆虫类为食，"为败"解作螽蝗数量减少，亦无不通，且存录之。螽，音"中"，蝗虫也。

【原文】

又南三百里，曰杜父之山，无草木，多水。

又南三百里，曰耿山，无草木，多水碧①，多大蛇。有兽焉，其状如狐而鱼翼，其名曰朱獳②，其鸣自讦，见则其国有恐。

【注释】

①水碧：即水玉，水晶也。

②朱獳：即红色狐狸。獳，音"如"。

【原文】

又南三百里，曰卢其之山，无草木，多沙石。沙水出焉，南流注于涔①水，其中多鵹鹕②，其状如鸳鸯而人足，其鸣自讥，见则其国多土功。

【注释】

①涔：音"岑"。

②鵹鹕：音"离胡"，即鹈鹕鸟，又名淘河鸟、塘鹅。

【原文】

又南三百八十里，曰姑射之山，无草木，多水。

又南水行三百里，流沙百里，曰北姑射之山，无草木，多石。

又南三百里，曰南姑射之山，无草木，多水。

又南三百里，曰碧山，无草木，多大蛇，多碧、水玉。

又南五百里，曰缑①氏之山，无草木，多金玉。原水出焉，东流注于沙泽。

【注释】

①缑：音"勾"。

【原文】

又南三百里,曰姑逢之山,无草木,多金玉。有兽焉,其状如狐而有翼,其音如鸿雁,其名曰獙獙①,见则天下大旱。

【注释】

①獙獙:音"必",即沙狐,别名东沙狐。

【原文】

又南五百里,曰凫丽之山,其上多金玉,其下多箴石。有兽焉,其状如狐,而九尾、九首、虎爪,名曰蠪蛭①,其音如婴儿,是食人。

【注释】

①蠪:音"龙"。蛭:音"至"。

【原文】

又南五百里,曰䃌①山,南临䃌水,东望湖泽。有兽焉,其状如马,而羊目、四角、牛尾,其音如獆狗②,其名曰峳峳③,见则其国多狡客④。有鸟焉,其状如凫而鼠尾,善登木,其名曰絜钩⑤,见则其国多疫。

【注释】

①䃌:王崇庆注云,䃌音"真"。
②獆狗:即狗嗥也。獆,音"号",同"嚎"。

③ 桵桵：郭郭注证释为膨喉羚。桵，音"优"。
④ 狡客：即狡猾的人。郭璞注云："狡，狡猾也。"
⑤ 絜钩：即绿啄木鸟。絜，音"鞋"。

【原文】

凡东次二经之首，自空桑之山至于𡵺山，凡十七山，六千六百四十里。其神状皆兽身人面载觡①。其祠：毛用一鸡祈，婴用一璧瘗。

【注释】

① 载：即"戴"也。觡：音"革"。《说文》曰："骨角之名也。"此处专指麋鹿之角。郭璞注云："麋鹿（属）角为觡。音革。"

东次三经

【原文】

又东次三经之首，曰尸胡之山，北望䍧①山，其上多金玉，其下多棘②。有兽焉，其状如麋而鱼目，名曰妴胡③，其鸣自训。

【注释】

① 䍧：音"祥"。
② 棘：音"及"，刺也。
③ 妴胡：即白唇鹿。妴，音"婉"。

【原文】

又南水行八百里,曰岐山,其木多桃李,其兽多虎。

又南水行五百里,曰诸钩之山,无草木,多沙石。是山也,广员百里,多寐鱼①。

又南水行七百里,曰中父之山,无草木,多沙。

【注释】

①寐鱼:郭璞注云:"即鲧鱼,音'味'。"郭郭注证云:"此即嘉鱼、卷口鱼。"

【原文】

又东水行千里,曰胡射之山,无草木,多沙石。

又南水行七百里,曰孟子之山,其木多梓桐,多桃李。其草多菌蒲①,其兽多麋鹿。是山也,广员百里。其上有水出焉,名曰碧阳,其中多鳣鲔②。

【注释】

①菌:即蘑菇类。蒲:即蒲草类,又称香蒲。

②鳣:音"沾",即中华鲟,又名鲟鲨。鲔:音"尾",白鲟也;郭璞注云:"鲔即鳣也,似鳣而长鼻,体无鳞甲。"

【原文】

又南水行五百里,曰流沙,行五百里,有山焉,曰跂踵①之山,广员二百里，无草木，有大蛇，其上多玉。有水焉，广员四十里，皆涌②，其名曰深泽，其中多蠵龟③。有鱼焉，其状如鲤，而六足鸟尾，名曰鲐鲐之鱼④，其鸣自讻。

【注释】

①跂踵：音"起种"。

②涌：大水喷勃之状也。

③蠵龟：又名红海龟。郭璞注云："蠵，大龟也，甲有文彩，似瑇瑁而薄。"蠵，音"西"。

④鲐鲐：郭郭注证引释为比目鱼。鲐，音"歌"。

【原文】

又南水行九百里，曰踇隅之山①，其上多草木，多金玉，多赭。有兽焉，其状如牛而马尾，名曰精精②，其鸣自叫。

【注释】

①踇隅：音"亩宇"。

②精精：郭郭释为黄羊也。

【原文】

又南水行五百里，流沙三百里，至于无皋之山，南望幼海①，东望榑木②，无草木，多风。是山也，广员百里。

【注释】

①幼海：郭璞注云："即少海也。《淮南子》曰：东方大渚曰少海。"谭其骧注云："即劳山西南部之胶州湾。"

②榑木：袁珂注云："即扶桑。"榑，音"扶"。

【原文】

凡东次三经之首，自尸胡之山至于无皋之山，凡九山，六千九百里。其神状皆人身而羊角。其祠：用一牡羊，米用黍。是神也，见则风雨水为败①。

【注释】

①见则风雨水为败：袁珂注云："言人身羊角之神见，则风雨水败害田禾也。"据此可以理解为，一旦这种山神现世，则会出现大风、大雨和洪涝灾害，危害庄稼。

东次四经

【原文】

又东次四经之首，曰北号之山，临于北海。有木焉，其状如杨，赤华，其实如枣而无核，其味酸甘，食之不疟。食水出焉，而东北流注于海。有兽焉，其状如狼，赤首鼠目，其音如豚，名曰猲狙①，

　　凡东次三经之首，其神状皆人身而羊角。北号之山，有兽焉，其状如狼，赤首鼠目，名曰猲狙。有鸟焉，其名曰𪄀雀。旄山，苍体之水出焉，其中多鳡鱼，其状如鲤而大首。

是食人。有鸟焉，其状如鸡而白首，鼠足而虎爪，其名曰䴅雀②，亦食人。

【注释】

①猲狙：音"葛具"，《集韵》释曰："猲狙，巨狼也。"郭郭注证以为，此即豺狗也。

②䴅雀：王逸注《楚辞·天问》"䴅堆焉处"云：䴅堆，奇兽也。柳宗元《天对》云：䴅雀在北号，惟人是食。袁珂按，则以䴅堆即为䴅雀字之误。郭郭注证释为胡秃鹙。䴅，音"起"。

【原文】

又南三百里，曰旄山，无草木。苍体之水出焉，而西流注于展水。其中多䱱鱼①，其状如鲤而大首，食者不疣②。

【注释】

①䱱鱼：即泥鳅也。䱱，音"秋"，同"鳅"。

②疣：即赘肬。

【原文】

又南三百二十里，曰东始之山，上多苍玉。有木焉，其状如杨而赤理，其汁如血，不实，其名曰芑①，可以服马②。泚③水出焉，而东北流注于海，其中多美贝④，多茈鱼⑤，其状如鲋⑥，一首而十身，其臭如蘼芜⑦，食之不糠⑧。

【注释】

①芑：音"起"，同"杞"。

②服马：郭璞注云："以汁涂之，则马调良。"此处可以理解为，用这种汁液涂在马的身上，则能够驯服烈马。

③沘：音"姿"。

④美贝：意谓美丽的贝壳。

⑤茈鱼：即刀鱼，见前注。

⑥鲋：即鲫鱼，见前注。

⑦蘪芜：即靡芜，川芎之幼苗也。

⑧不糠：此处可以理解为吃了这种鱼的肉之后就会腹胀而排气不顺。糠，《广韵》释曰："糠，同屁，气下泄也。"

【原文】

又东南三百里，曰女烝①之山，其上无草木。石膏水出焉，而西注于鬲②水，其中多薄鱼③，其状如鳣鱼④而一目，其音如欧⑤，见则天下大旱。

【注释】

①烝：音"争"。

②鬲：音"革"。

③薄鱼：郭郭注证释为薄鳅。

④鳣鱼：即鳝鱼也。

⑤如欧：郭璞注云："如人呕吐声也。"欧，同"呕"，呕吐也。

【原文】

又东南二百里，曰钦山，多金玉而无石。师水出焉，而北流注于皋泽，其中多鳡鱼，多文贝。有兽焉，其状如豚而有牙①，其名曰当康②，其鸣自叫，见则天下大穰。

【注释】

①牙：獠牙也。
②当康：郭郭注证释为雄猪。

【原文】

又东南二百里，曰子桐之山，子桐之水出焉，而西流注于馀如之泽。其中多鳎鱼①，其状如鱼而鸟翼，出入有光②，其音如鸳鸯，见则天下大旱。

【注释】

①鳎鱼：即滑鱼，鱼纲，鲤科。鳎，音"滑"。
②出入有光：可以理解为跃出水面时会闪耀出光芒来。

【原文】

又东北二百里，曰剡①山，多金玉。有兽焉，其状如彘而人面，黄身而赤尾，其名曰合窳②，其音如婴儿。是兽也，食人，亦食虫蛇，见则天下大水。

【注释】

①剡：音"善"。

②合窳：郭郭注证释为黄色野猪。窳，音"羽"。

【原文】

又东二百里，曰太山，上多金玉、桢木①。有兽焉，其状如牛而白首，一目而蛇尾，其名曰蜚②，行水则竭，行草则死，见则天下大疫。钩水出焉，而北流注于劳水，其中多鱃鱼。

凡东次四经之首，自北号之山至于太山，凡八山，一千七百二十里。

右东经之山志，凡四十六山，万八千八百六十里。

【注释】

①桢木：即女贞树，又名冬青。桢，音"真"。

②蜚：音"匪"，即为水牛。

卷五　中山经

中山经

【原文】

中山经薄山之首，曰甘枣之山。共水出焉，而西流注于河。其上多杻木，其下有草焉，葵本而杏叶，黄华①而荚实，名曰箨②，可以已𥍊③。有兽焉，其状如䣛鼠④而文题⑤，其名曰㔮⑥，食之已瘿⑦。

【注释】

①华：同"花"。

②箨：音"箨"。

③𥍊：夜盲症，或视线模糊的毛病。郭璞注云："音'盲'。"今读作"盟"；《说文》释曰："𥍊，目不明也。"

④䣛鼠：郭郭注证以为，此即灰鼠。䣛，郭璞注云："音'仳'，字亦或作仳。"

⑤文题：即额头上长有斑纹。文，同"纹"，纹饰、斑纹也；题，额头，《说文》释曰："题，额也。"

⑥蘕：汪绂注云："音耐，或作熊。"《玉篇》曰："兽似鼠，食之名目。"郭郛注证云，音"挪"，即为马来熊、狗熊。

⑦瘿：瘿病，即甲状腺肿大，或称大脖子病。

【原文】

又东二十里，曰历儿之山，其上多㯬，多枥①木，是木也，方茎而员②叶，黄华而毛③，其实如楝④，服之不忘⑤。

【注释】

①枥：音厉。郭郛注证以为，枥可能是栎、枥一类的树木。

②员：同"圆"。

③毛：意谓枥木的花朵长有绒毛。

④楝：音"练"。汪绂注云："楝音'炼'。楝木似槐子，如指头，色白而粘，可捣以浣衣，服之益肾。此服之不忘，谓令人健记，盖亦楝类也。"郭郛注证云："楝，即楝树，其种子称为楝实，是一种中药材。"

⑤不忘：意谓增强记忆力。

【原文】

又东十五里，曰渠猪之山，其上多竹。渠猪之水出焉，而南流注于河。其中是多豪鱼①，状如鲔②，赤喙尾赤羽③，可以已白癣④。

【注释】

①豪鱼：郭郭注证曰："即鲟类，肉质鲜美，为中国大型经济鱼类。"

②鲔：音"尾"，即白鲟的古称。

③赤喙尾赤羽：据袁珂校注，尾字前当有"赤"字。《太平御览》引用此经，"赤喙"前有"而"字。

④白癣：一种呈现出白色病症的皮肤病。癣，音"选"。

【原文】

又东三十五里，曰葱聋之山，其中多大谷①，是多白垩，黑、青、黄垩。

【注释】

①大谷：郭郭注证释为"深沟高岭"。谷，山谷也。

【原文】

又东十五里，曰湋①山，其上多赤铜，其阴多铁。

【注释】

①湋：音"倭"。

【原文】

又东七十里，曰脱扈之山，有草焉，其状如葵叶而赤华，荚实，实如棕荚，名曰植楮①，可以已癙②，食之不眯③。

【注释】

①植楮：郭郭注证以为此即五味子树，其子为一种中药药材。楮，音"楚"。

②瘿：郭璞注云："瘿，病也。《淮南子》曰：狸头已瘿。"郭郭注证曰："瘿，瘿病，又名鼠疡，病症表现为颈部生疮，久治不愈，常出脓水如漏。"

③不眯：袁珂注云："谓不厌梦也。"

【原文】

又东二十里，曰金星之山，多天婴①，其状如龙骨②，可以已痤③。

【注释】

①天婴：天然的蜿蜒曲折的生物化石。婴，婴石也。

②龙骨：《本草别录》云："龙骨生晋地川谷及太山岩水岸土穴中死龙处。"郭郭注证云："龙骨，即上古时代哺乳动物的骨骼化石，中药中将此类化石专称为'龙骨'。"

③痤：痤疮，又名青春痘，《说文》释曰："痤，小肿也。"汪绂云："痤，皮上魂磊病也。"

【原文】

又东七十里，曰泰威之山，其中有谷，曰枭谷，其中多铁。

又东十五里，曰橿谷之山，其中多赤铜。

又东百二十里，曰吴林之山，其中多葌①草。

甘枣之山，有兽焉，其状如䶂鼠而文题，其名曰䶅。渠猪之山，渠猪之水出焉，其中是多豪鱼。牛首之山，劳水出焉，是多飞鱼。霍山，有兽焉，其状如狸，而白尾有鬣，名曰朏朏。鲜山，其中多鸣蛇，其状如蛇而四翼。

【注释】

①蕟:即"菅",音"奸",《说文》释曰:"蕟,香草,出吴林山。"《众经音义》云:"蕟,兰也。"郭郭注证以为,蕟即兰草,有香气,乃菅蕑类植物的统称。

【原文】

又北三十里,曰牛首之山。有草焉,名曰鬼草①,其叶如葵而赤茎,其秀②如禾,服之不忧。劳水出焉,而西流注于潏③水。是多飞鱼④,其状如鲋鱼⑤,食之已痔衕⑥。

【注释】

①鬼草:即鬼目草,又名白草。

②秀:草木开花结果。《尔雅》释曰:"荣而实者谓之秀。"

③潏:音"决"。

④飞鱼:即跃出水面之鱼,非必谓鱼能飞也。

⑤鲋鱼:即鲫鱼。

⑥痔:痔疮。衕:音"洞",即腹泻之病。

【原文】

又北四十里,曰霍山,其木多榖。有兽焉,其状如狸,而白尾有鬣,名曰朏朏①,养之可以已忧。

【注释】

①胐胐：即白鼬。胐，音"菲"。

【原文】

又北五十二里，曰合谷之山，是多蓍棘①。

【注释】

①蓍棘：郭郭注证以为，蓍棘或许就是粘棘，即能够粘连皮肤、衣服的棘刺。蓍，音"瞻"。

【原文】

又北三十五里，曰阴山，多砺石①、文石②。少水出焉，其中多雕棠③，其叶如榆叶而方，其实如赤菽④，食之已聋。

【注释】

①砺石：即磨刀石。
②文石：即有花纹的石块。
③雕棠：郭郭注证以为，即此枸骨，一种圆形落叶小乔木。
④赤菽：即小红豆。菽，豆也。

【原文】

又东北四百里，曰鼓镫之山，多赤铜。有草焉，名曰荣草，其叶如柳，其本①如鸡卵，食之已风。

【注释】

①本：即草木之根，《说文》释曰："本，木下曰本。"

【原文】

凡薄山之首，自甘枣之山至于鼓镫之山，凡十五山，六千六百七十里。历儿，冢也①。其祠礼：毛，太牢之具；县②婴以吉玉。其余十三山者，毛用一羊，县婴，用桑封，瘗而不糈。桑封③者，桑主也，方其下而锐其上，而中穿之加金④。

【注释】

①历儿，冢也：意谓历儿山乃薄山山系诸山神祭祀的第一座山峰，最神圣、隆重，乃是祖山，即第一圣山，古称为"冢"。

②县：同"悬"。

③桑封：江绍原谓桑封系藻珪之误。桑主：即藻玉，婴系以玉献神之专称。郭郛注证以为，桑封，即以桑树为祭祀对象，培植几株高大粗壮的桑树，作为桑神祭祀。此仪式之一乃是在桑树根部培土，故称"桑封"。郭说较牵强，存疑。袁珂校注云：经文"桑封者桑主也"以下十九字，毕沅谓疑是周秦人释语、旧本乱入经文者，或当是也。

④加金：郭璞注云：言作神主而祭，以金银饰之也。郭郛注证以为，此即用金属装饰所祭祀神主的牌位。

中次二经

【原文】

中次二经济山之首,曰煇诸之山,其上多桑,其兽多闾麋①,其鸟多鶡②。

【注释】

①闾:即北山羊。麋:即麋鹿。
②鶡:音"禾"。《说文》释曰:"鶡似雉而大,出上党。"《玉篇》云:"鶡,鸟似雉而大,青色,有毛角,斗死而止。"郭郭注证解为褐马鸡,又名鶡鸡,现今为中国珍稀保护禽类。

【原文】

又西南二百里,曰发视之山,其上多金玉,其下多砥砺①。即鱼之水出焉,而西流注于伊水。

【注释】

①砥砺:砥石和砺石,均可用来磨刀,统称为磨刀石。

【原文】

又西三百里,曰豪山,其上多金玉而无草木。

又西三百里,曰鲜山,多金玉,无草木。鲜水出焉,而北流注于伊水。其中多鸣蛇①,其状如蛇而四翼,其音如磬②,见则其邑大旱。

【注释】

①鸣蛇：即中华鼍，又名扬子鳄。

②磬：一种打击乐器，形状如曲尺。一般以玉、石制成，可悬挂，声音悦耳。

【原文】

又西三百里，曰阳山，多石，无草木。阳水出焉，而北流注于伊水。其中多化蛇①，其状如人面而豺身，鸟翼而蛇行，其音如叱呼，见则其邑大水。

【注释】

①化蛇：《广雅》云："中央有蛇焉，人面、豺身、鸟翼、蛇行，其名化蛇。"郭郛注证以为，此即中华鳄，古称"鼍"。

【原文】

又西二百里，曰昆吾之山，其上多赤铜。有兽焉，其状如彘而有角，其音如号①，名曰蠪蚳②，食之不眯③。

【注释】

①如号：郭璞注云："如人号哭。"即该兽叫声仿佛人大声号哭一般。

②蠪蚳：郭郛注证以为，此物可能是大型雄猪；也可能是鹿猪，一种猪科野兽。蠪，音"龙"；蚳，音"至"。

③不眯：即精神亢奋，难以入眠。眯，可释为"小睡"。或依《说文》，将眯释为"草入目中"，则不眯可理解为预防沙尘进入眼中，亦无不通。

【原文】

又西百二十里，曰蔓①山，蔓水出焉，而北流注于伊水，其上多金玉，其下多青、雄黄。有木焉，其状如棠而赤叶，名曰芒草②，可以毒鱼。

【注释】

①蔓：音"奸"。

②芒草：即狭叶茴香草，有毒。芒，音"忘"。

【原文】

又西一百五十里，曰独苏之山，无草木而多水。

又西二百里，曰蔓渠之山，其上多金玉，其下多竹箭。伊水出焉，而东流注于洛。有兽焉，其名曰马腹①，其状如人面虎身，其音如婴儿，是食人。

【注释】

①马腹：郭郛注证解为虎鼬，别名马虎、艾虎、臭狗子。兽纲，貂科动物。

【原文】

凡济山之首，自煇诸之山至于蔓渠之山，凡九山，一千六百七十里。其神皆人面而鸟身。祠用毛①，用一吉玉，投②而不糈。

【注释】

①祠用毛：郭璞注云："择用毛色。"袁珂校注云："言以毛物祠神也。"郭郛注证以为，此即选用牲畜类物品祭祀。

②投：意谓将祀物随意投掷到各处。

中次三经

【原文】

中次三经贲①山之首，曰敖岸之山，其阳多㻬琈之玉，其阴多赭、黄金。神熏池居之。是常出美玉。北望河林②，其状如蒨如举③。有兽焉，其状如白鹿而四角，名曰夫诸④，见则其邑大水。

【注释】

①贲：郭璞注云："贲音'倍'。"

②河林：黄河滩中的大树林也。

③蒨：音"倩"，草也。举，木也，即榉柳。郭郛注证以为，蒨，即水青树，中国特产，木兰科，落叶乔木；举，即榉树，榆科，落叶乔木。

④夫诸：郭郛注证释为獐、水獐，又名河麂、牙獐，或为四角羚。

【原文】

又东十里，曰青要之山，实惟帝之密都①。是多驾鸟②。南望墠渚③，禹父之所化，是多仆累、蒲卢④。魃武罗⑤司之，其状人面而豹文，小要⑥而白齿，而穿耳以鐻⑦，其鸣如鸣玉⑧。是山也，宜女子⑨。畛⑩水出焉，而北流注于河。其中有鸟焉，名曰鹐⑪，其状如凫，青身而朱⑫目赤尾，食之宜子。有草焉，其状如荔⑬，而方茎、黄华、赤实，其本如藁本⑭，名曰荀草，服之美人色⑮。

【注释】

①密都：郭璞注云："天帝曲密之邑。"即天帝一个不易发现的秘密的都邑。

②驾鸟：即被驯化的中国鹅。

③埠渚：可理解为一个水泊中小洲的名字。埠，郭璞注云，音"填"，今读作"善"；渚，水中小洲。

④仆累：蜗牛也。蒲卢：田螺也。

⑤魃：《说文》释曰，神也；《玉篇》云，山神也。武罗：神名也。

⑥要：同"腰"。

⑦鐻：音"渠"，金属类大耳环。郭璞注云："鐻，金银器之名，未详也。音'渠'。"《说文》新附字云："璩，环属也。"

⑧鸣玉：可理解为人敲击玉佩的声音。

⑨宜女子：袁珂校注云："此义未详。"郭郭注证以为，可理解为女子在此山中比较受欢迎。存疑。

⑩畛：音"诊"。

⑪鹐：音"窈"。《尔雅》云：鹐，头鸠。郭郭注证释为鱼鹰，鸱鹕科。

⑫朱：浅红色也。

⑬蕙：兰也；香草属。
⑭藁：音"高"，香草之一种。本：根也。
⑮美人色：意谓令人更为美艳；即该草有美容养颜之能效。

【原文】

又东十里，曰騩山①，其上有美枣②，其阴有琈琈之玉。正回之水出焉，而北流注于河。其中多飞鱼③，其状如豚而赤文，服之不畏雷，可以御兵。

【注释】

①騩：郭璞注云："音'巍'。"今亦读作"归"。
②美枣：可理解为味道甜美的野枣。
③飞鱼：并非海中可以飞翔的鱼，而是指跃出水面的鲤鱼。

【原文】

又东四十里，曰宜苏之山，其上多金玉，其下多蔓居之木①。滽滽之水出焉，而北流注于河，是多黄贝②。

【注释】

①蔓居：即蔓荆也；又名荆，落叶小灌木，有香气。
②黄贝：即黄色的水产贝类。

【原文】

又东二十里，曰和山，其上无草木而多瑶碧①，实惟河之九都②。

是山也五曲③,九水出焉,合而北流注于河,其中多苍玉。吉神泰逢司之,其状如人而虎尾,是好居于贲山之阳,出入有光。泰逢神动天地气④也。

【注释】

①瑶碧:两种玉,即瑶玉和碧玉。《淮南子》有云:"瑶碧玉珠,翡翠玳瑁,文彩明朗,润泽若濡。"

②九都:郭璞注云:"九水所潜,故曰九都。"郭郛注证以为,九都即黄河在此分成九股细流;九都,即九潴也,河中九个造成分流的小洲。

③五曲:郭璞注云:"曲回五重。"即山势蜿蜒曲回五重。

④动天地气:郭璞注云:"言其有灵爽能兴云雨也。"

【原文】

凡贲山之首,自敖岸之山至于和山,凡五山,四百四十里。其祠泰逢、熏池、武罗皆一牡羊副①,婴用吉玉。其二神用一雄鸡瘗之,糈用稌。

【注释】

①副:同"疈",音"劈",一种祭祀的仪式。《周礼》曰:"以疈辜祭四方百物。"汪绂注云:"言分磔牲体以祭也。"

和山，吉神泰逢司之，其状如人而虎尾。扶豬之山，有兽焉，其状如貉而人目，其名曰䴢。釐山，有兽焉，其状如牛，苍身，其名曰犀渠。有兽焉，名曰㹠，其状如獳犬而有鳞，其毛如彘鬣。凡釐山之首，自鹿蹄之山至于玄扈之山，其神状皆人面兽身。首山，多䬸鸟，其状如枭而三目，有耳。

中次四经

【原文】

中次四经釐山之首，曰鹿蹄之山，其上多玉，其下多金。甘水出焉，而北流注于洛，其中多泠石①。

【注释】

①泠石：亦即冷石。

【原文】

西五十里，曰扶豬①之山，其上多礝石②。有兽焉，其状如貉③而人目，其名曰䴉④。虢⑤水出焉，而北流注于洛，其中多瓀石⑥。

【注释】

①豬：音"猪"。
②礝石：即滑石，亦可理解为一种美玉。
③貉：音"合"，即狗獾，体形矮胖粗短。
④䴉：音"银"，即麔鹿。
⑤虢：音"国"。
⑥瓀石：即礝石也。瓀，音"软"。

【原文】

又西一百二十里，曰釐山，其阳多玉，其阴多蒐①。有兽焉，其状如牛，苍身，其音如婴儿，是食人，其名曰犀渠②。潇潇之水出焉，而南流注于伊水。有兽焉，名曰獭③，其状如獳犬④而有鳞，其毛如彘鬣⑤。

【注释】

①菟：音"搜"，茜草也，又名风车草、五叶藤。
②犀渠：即犀牛也。郝懿行注云："犀渠盖犀牛之属也。"
③獭：郭璞注云："音苍颉之'颉'。"郭郭注证以为，此即水獭。
④獳犬：发怒的猛犬。《说文》释曰："獳，怒犬貌。"
⑤其毛如彘鬣：汪绂注云："毛出鳞间如彘鬣也。"郭郭注证解为，水獭体针毛，在两颊、颈侧针毛呈白色，而身上绒毛呈浅灰褐色，远看显出花纹之样，如同鱼鳞一般。

【原文】

又西二百里，曰箕尾之山，多榖①，多涂石②，其上多琈㻬之玉。

【注释】

①榖：构树也。
②涂石：即滑石也。

【原文】

又西二百五十里，曰柄山，其上多玉，其下多铜。滔雕之水出焉，而北流注于洛。其中多䱱羊①。有木焉，其状如樗②，其叶如桐而荚实，其名曰茇③，可以毒鱼。

【注释】

①羬羊：即大山羊。羬，音"前"。

②樗：音"出"，即臭椿树。

③苃：音"拔"，即凌霄花，有微毒。

【原文】

又西二百里，曰白边之山，其上多金玉，其下多青、雄黄。

又西二百里，曰熊耳之山，其上多漆①，其下多棕。浮濠之水出焉，而西流注于洛，其中多水玉②，多人鱼③。有草焉，其状如苏④而赤华，名曰葶苧⑤，可以毒鱼。

【注释】

①漆：即漆树。

②水玉：即水晶。

③人鱼：即鲵鱼，俗名娃娃鱼。

④苏：即紫苏。唇形科紫苏属，一年生草本。茎叶色紫，夏秋开红或淡红色花。叶与果实可入药，用于治疗风大不调，并供食用，为中国特产。

⑤葶苧："亭宁"二音，即醉鱼草，花和叶揉入水中，可以令鱼类麻醉，浮在水面。

【原文】

又西三百里，曰牡山，其上多文石，其下多竹箭、竹䉋。其兽多㸲牛、㸕羊，鸟多赤鷩①。

【注释】

①赤鷩：即红腹锦鸡。鷩，音"闭"。

【原文】

又西三百五十里，曰讙①举之山。雒②水出焉，而东北流注于玄扈之水，其中多马肠之物③。此二山者，洛间④也。

【注释】

①讙：音"欢"。
②雒：同"洛"。
③马肠之物：郭郭注证以为，此即两栖类动物所产成堆的卵子，呈长胶带状，一端在水中漂浮，半透明而有黑点，宛如马肠。
④洛间：袁珂校注云："谓讙举、玄扈二山夹洛水之间也。"

【原文】

凡釐山之首，自鹿蹄之山至于玄扈之山，凡九山，千六百七十里。其神状皆人面兽身。其祠之：毛用一白鸡，祈①而不糈，以采衣之②。

【注释】

①祈：郭璞注云："言直祈祷。"
②以采衣之：郭璞注云："以采饰鸡。"即给白鸡缠绕上彩色的布带。

中次五经

【原文】

中次五经薄山之首,曰苟林之山,无草木,多怪石。

东三百里,曰首山,其阴多穀柞,其草多㐬芫①,其阳多瑸琈之玉,木多槐。其阴有谷,曰机谷,多䴦鸟②,其状如枭而三目,有耳,其音如录③,食之已垫④。

【注释】

①㐬:音"住"。芫:音"元"。汪绂注云,"㐬,山蓟也,有苍术、白术二种;芫,芫华也;皆入药用。"郭郛注证以为,㐬,即北苍术,菊科,多年生草本植物;芫,即芫花,又名毒鱼,落叶灌木,花、根入药,作毒鱼剂。

②䴦鸟:郭郛注证释为长耳鸮,俗称长耳猫头鹰。䴦,袁珂校注引汪绂注云,音"地"。

③录:同"鹿"。

④垫:汪绂注云,"垫,下湿病。"郭郛注证以为,此或为脚垫病,即脚下硬皮角化。

【原文】

又东三百里,曰县䊸①之山,无草木,多文石。

【注释】

①厫：汪绂注云，厫音"斲"，又音"祝"。

【原文】

又东三百里，曰葱聋之山，无草木，多摩石①。

【注释】

①摩：毕沅注云："摩当为珤。"《说文》曰："珤，石之次玉者。"珤，今音"棒"。

【原文】

东北五百里，曰条谷之山，其木多槐桐①，其草多芍药、䕲冬②。

【注释】

①槐桐：槐树和桐树。

②䕲冬：袁珂校注云，䕲当为虋，音"门"，俗亦作门；门冬有二种：一麦门冬，一天门冬，均入药用。

【原文】

又北十里，曰超山，其阴多苍玉，其阳有井，冬有水而夏竭。

又东五百里，曰成侯之山，其上多櫄木①，其草多芃②。

【注释】

①櫄木：即椿树。《说文》释曰："杶，或作櫄，即今椿字也。"

②芘：音"蓬"；郝懿行注云："芘，《说文》训草盛，非草名也。疑芘当为芇字之讹；芇音交，即药草秦芇也。"郭郭注证释曰："芘，当为芇，即今之秦芇，又名大叶龙胆。"

【原文】

又东五百里，曰朝歌之山，谷①多美垩。

【注释】

①谷：此处当作"山谷"解。

【原文】

又东五百里，曰槐山，谷多金锡。

又东十里，曰历山，其木多槐，其阳多玉。

又东十里，曰尸山，多苍玉，其兽多麖①。尸水出焉，南流注于洛水，其中多美玉。

【注释】

①麖：音"京"，郭璞云："似鹿而小，黑色。"毕沅云："郭说非也。《尔雅》释曰，麖，'大鹿。'"郭郭注证以为，此即黑鹿，又名水鹿。

【原文】

又东十里，曰良馀之山，其上多榖柞①，无石。馀水出于其阴，而北流注于河；乳水出于其阳，而东南流注于洛。

【注释】

①榖柞：构树和柞树。

【原文】

又东南十里，曰蛊尾之山，多砺石、赤铜。龙馀之水出焉，而东南流注于洛。

又东北二十里，曰升山，其木多榖柞棘①，其草多藷藇、蕙②，多寇脱③。黄酸之水出焉，而北流注于河，其中多璇玉④。

【注释】

①棘：酸枣树。

②藷藇：即山药。藷，音"薯"；藇，音"预"。蕙：香草也。

③寇脱：郭璞注云："寇脱草生南方，高丈许，似荷叶而茎中有瓤，正白，零桂人植而日灌之以为树也。"郭郛注证曰："寇脱即通脱木，落叶灌木，可入药。"

④璇玉：郭璞注云："石次玉者也。"郭郛注证释曰："璇玉即玛瑙之别名。"璇，音"旋"。

【原文】

又东十二里，曰阳虚之山，多金，临于玄扈之水。

凡薄山之首，自苟林之山至于阳虚之山，凡十六山，二千九百八十二里。升山，冢也①，其祠礼：太牢，婴用吉玉。首山魋也，其

平逢之山有神焉，其状如人而二首，名曰骄虫。魔山其中有鸟焉，状如山鸡而长尾，赤如丹火而青喙，名曰鸰鹦。密山，豪水出焉，其中多旋龟，其状鸟首而鳖尾。大䧿之山其阳狂水出焉，其中多三足龟。半石之山。来需之水出于其阳，其中多鲐鱼，凡苦山之首，自休与之山至于大䯀之山，皆豕身而人面。苦山、少室、太室皆冢也，其神状皆人面而三首。

祠用稌、黑牺太牢之具、蘖酿②；干儛③，置鼓④；婴用一璧。尸水，合天⑤也，肥牲祠之，用一黑犬于上，用一雌鸡于下，刉一牝羊⑥，献血⑦。婴用吉玉，采之⑧，飨之⑨。

【注释】

① 升山，冢也：即升山乃薄山山系最重要最神圣的山，列为冢山。

② 蘖酿：郭璞注云，以蘖作醴酒也。蘖，音"聂"，《说文》释为牙米，以牙米酿酒极甜；郭郛注证以为蘖即酒曲，酿酒所用的微生物。

③ 干儛：郭璞注云："干儛，万儛；干，楯也。"郭郛注证以为，干儛，即一队人持着盾牌跳舞，有一定的节奏和步法。儛，音"舞"。

④ 置鼓：郭璞注云："击之以舞。"郭郛注证以为，此乃一类大型舞蹈，将鼓固定在地上，鼓手大力敲击之。

⑤ 尸水，合天：郭璞注云："天神之所冯也。"然而于义不同，且存疑之。

⑥ 刉：音"几"，划破、割开之意；袁珂校注云："刉，谓杀牛羊等取血以衅也。"牝羊：即母羊。

⑦ 献血：郭璞注云："以血祭也。"

⑧ 采之：即用彩带装饰美玉。郭璞注云："又加以缯彩之饰也。"

⑨ 飨之：郭璞注云："劝强之也。"郭郛注证释曰："此即隆重地请神或者尸美餐一顿。"

中次六经

【原文】

中次六经缟羝①山之首,曰平逢之山,南望伊、洛②,东望谷城之山,无草木,无水,多沙石。有神焉,其状如人而二首,名曰骄虫③,是为螫④虫,实惟蜂蜜之庐⑤。其祠之:用一雄鸡,禳⑥而勿杀。

【注释】

①缟:音"稿"。羝:音"低"。
②伊、洛:即伊河和洛河。
③骄虫:郭郭注证以为此即中华蜂,简称中蜂,为东亚特有的蜜蜂。
④螫:音"氏",口语中亦读作"蜇",即螫人的昆虫。
⑤蜂蜜之庐:群蜂聚集的地方,即蜂窝。
⑥禳:音"嚷",汪绂注云:"禳,祈祷以去灾恶,使勿螫人,其鸡则放而勿杀也。"

【原文】

西十里,曰缟羝之山,无草木,多金玉。

又西十里,曰廆①山,其阴多㻬琈之玉。其西有谷焉,名曰雚②谷,其木多柳楮③。其中有鸟焉,状如山鸡而长尾,赤如丹火而青喙,名曰鸰䴊④,其鸣自呼,服之不眯。交觞之水出于其阳,而南流注于洛;俞随之水出于其阴,而北流注于榖水。

【注释】

①瑰：音"瑰"。

②䕸：音"冠"。

③柳楮：柳树和构树。楮：音"楚"，楮树，即构树。

④鸰鵁："铃幺"二音。郭郭注证释为鹈鸰鸟，古称鸰摇。

【原文】

又西三十里，曰瞻诸之山，其阳多金，其阴多文石。㴩水①出焉，而东南流注于洛；少水出其阴，而东流注于穀水。

【注释】

①㴩：音"谢"。

【原文】

又西三十里，曰娄涿之山，无草木，多金玉。瞻水出于其阳，而东流注于洛；陂①水出于其阴，而北流注于穀水，其中多茈②石、文石。

【注释】

①陂：音"杯"。

②茈：音"紫"。

【原文】

又西四十里，曰白石之山。惠水出于其阳，而南流注于洛，其中多水玉。涧水出于其阴,西北流注于榖水,其中多麋石、栌丹①。

【注释】

①麋石:即画眉石。栌丹:即红栌,今名黄栌,落叶灌木或乔木,秋季叶子转变为红色。栌,音"卢"。郝懿行注云:"麋石或是画眉石,眉麋古字通也;栌丹疑即黑丹,栌卢通也。"

【原文】

又西五十里,曰榖山,其上多榖,其下多桑。爽水出焉,而西北流注于榖水,其中多碧绿①。

【注释】

①碧绿:即石绿,又名孔雀石。《尔雅》云:"碧即石青,绿即石绿,二者同类。"

【原文】

又西七十二里,曰密山,其阳多玉,其阴多铁。豪水出焉,而南流注于洛。其中多旋龟①,其状鸟首而鳖尾,其音如判木②。无草木。

【注释】

①旋龟:即大头龟,见《南山经》杻阳之山注。
②判木:以刀斧砍开木头之声音。

【原文】

又西百里,曰长石之山,无草木,多金玉。其西有谷焉,名曰共谷,多竹。共水出焉,西南流注于洛,其中多鸣石①。

【注释】

①鸣石:袁珂校注云:"盖磬石之类。"

【原文】

又西一百四十里,曰傅山,无草木,多瑶碧。厌染之水出于其阳,而南流注于洛,其中多人鱼。其西有林焉,名曰墦①冢。穀水出焉,而东流注于洛,其中多珚玉②。

【注释】

①墦:音"凡"。

②珚玉:袁珂校注以为,珚当为珚(音"菌")字之讹;《玉篇》释为"齐玉";郭郭注证释为似玉的美石。珚,音"烟"。

【原文】

又西五十里,曰橐①山,其木多樗②,多楠木③,其阳多金玉,其阴多铁,多萧④。橐水出焉,而北流注于河。其中多脩辟之鱼⑤,状如黾⑥而白喙,其音如鸱⑦,食之已白癣。

【注释】

①橐：音"驼"。

②樗：即臭椿。

③楠木：郭璞注云："今蜀中有楠木，七八月中吐穗，穗成，如有盐粉着状，可以酢羹；音'备'。"郭郛注证以为，楠木即梧木，又名五倍子树，学名盐肤木，漆树科。

④萧：《尔雅》释之云："萧，荻也。"郭璞注云："即蒿也。"郭郛注证释为野艾。

⑤脩辟之鱼：郭郛注证以为此即长臀华鳊，属鲤科。

⑥黾：音"猛"，郭璞注云："黾，蛙属也。"

⑦鸱：音"吃"，猫头鹰。

【原文】

又西九十里，曰常烝①之山，无草木，多垩。潐②水出焉，而东北流注于河，其中多苍玉。菑③水出焉，而北流注于河。

【注释】

①烝：音"争"。

②潐：音"瞧"。

③菑：音"咨"。

【原文】

又西九十里，曰夸父之山，其木多棕柟①，多竹箭，其兽多㸲牛羬羊，其鸟多赤鷩②，其阳多玉，其阴多铁。其北有林焉，名曰桃林，是广员③三百里，其中多马。湖水出焉，而北流注于河，其中多珚玉。

【注释】

①棕柟：棕树和楠树。柟，同"楠"。

②鷩：音"必"，即锦鸡。

③广员：泛指土地面积的长宽。广，东西距离曰广；员，周也。

【原文】

又西九十里，曰阳华之山，其阳多金玉，其阴多青、雄黄，其草多䔇芎①，多苦辛②，其状如棩③，其实如瓜，其味酸甘，食之已疟。杨水出焉，而西南流注于洛，其中多人鱼。门水出焉，而东北流注于河，其中多玄䃤④。𦰡⑤姑之水出于其阴，而东流注于门水，其上多铜。门水出于河，七百九十里入雒水。

【注释】

①䔇芎：音"朱须"，薯蓣也，即今之山药。

②苦辛：即细辛，味苦而辛，又名细参，多年生草本植物。

③棩：即"楸"字；楸，楸树，又名梓桐，落叶乔木。

④玄䃤：郭璞注云："黑砥石生水中。"郭郭注证释为黑色磨刀石。䃤，音"肃"。

⑤𦰡：音"急"。

【原文】

凡缟羝山之首，自平逢之山至于阳华之山，凡十四山，七百九十里。岳在其中①，以六月祭之，如诸岳之祠法，则天下安宁。

【注释】

①岳：汪绂注云："此条无中岳，而曰岳在其中，盖以洛阳居天下之中，王者于此以时望祭四岳，以其非岳而祭四岳，故曰岳在其中。"郭郛注证以为，此岳可理解为狭义的西岳，即阳华山，因其在华山之阳之故也；也可理解为广义的四岳，平逢山、廆山、墦冢山等都可被视为"岳"；其说较牵强，存疑。

中次七经

【原文】

中次七经苦山之首，曰休与之山。其上有石焉，名曰帝台之棋①，五色而文，其状如鹑卵②，帝台之石，所以祷百神③者也，服之不蛊④。有草焉，其状如蓍⑤，赤叶而本⑥丛生，名曰夙条⑦，可以为簳⑧。

【注释】

①帝台：一个名叫"帝台"的神仙。棋：棋盘，郭璞注云："帝台，神人名。棋谓博棋也。"

②鹑卵：即鹌鹑蛋。鹑，鹌鹑也；卵，蛋也。

③所以祷百神：用来向天神祈祷的。郭璞注云："祷祀百神，则用此石。"

④不蛊：不得寄生虫病。

⑤蓍：音"诗"，《说文》释曰："蓍，蒿属。"《广雅》云："蓍，耆也。"袁珂校注云："草之多寿者，古取其茎为占筮之用。"郭郭注证解为，蓍，又名蓍草，多年生直立草本植物，可以入药。

⑥本：根也。

⑦夙条：郭郭注证释为四方竹。夙，音"速"。

⑧竿：音"赶"，箭杆也。

【原文】

东三百里，曰鼓钟之山，帝台之所以觞百神也①。有草焉，方茎而黄华，员叶而三成②，其名曰焉酸③，可以为④毒。其上多砺，其下多砥。

【注释】

①所以觞百神也：郭璞注云："举觞燕会，则于此山，因名为鼓钟也。"觞，向人敬酒；《吕氏春秋》云："管仲觞桓公。"

②三成：郭璞注云："叶三重也。"

③焉酸：郝懿行注云："焉酸，一本作乌酸。"郭郭注证以为，此即乌头，乌头中含乌头碱，提炼之后为至毒之药。

④为：郭璞注云："为，治。"郝懿行注云："治，去之也。"则依郭、郝二人注，焉酸可用于疗毒也，盖以毒去毒之术。

【原文】

又东二百里，曰姑媱①之山。帝女②死焉，其名曰女尸，化为䔄草③，其叶胥成④，其华黄，其实如菟丘⑤，服之媚于人⑥。

【注释】

①媱：音"遥"。
②帝女：即天帝之女。
③䔄：音"摇"，郭郭注证释为香蒲，统称蒲草。
④胥成：重叠而生、对生之意，此处用以描摹草叶排列成两行之状。郭璞注云："言叶相重也。"
⑤菟丘：郭璞注云："菟丘，菟丝也。"郭郭注云："菟丘，亦即菟丝子，一年生缠绕寄生草本植物；果实为扁球形，褐色。"
⑥媚于人：郭璞注云："为人所爱也。"

【原文】

又东二十里，曰苦山。有兽焉，名曰山膏，其状如逐①，赤若丹火，善詈②。其上有木焉，名曰黄棘，黄华而员叶，其实如兰，服之不字③。有草焉，员叶而无茎，赤华而不实，名曰无条④，服之不瘿⑤。

【注释】

①逐：郭璞注云："即豚字。"
②善詈：郭璞注云："好骂人。"
③不字：郭郭注证释云："不孕。"字，郭璞注云："字，生也。"

④无条：郭郛注证云："此即紫背天葵或红天葵；种子细小，可入药。"
⑤瘿：音"婴"，瘿病，即大脖子病。

【原文】

又东二十七里，曰堵山，神天愚居之，是多怪风雨。其上有木焉，名曰天楄①，方茎而葵状，服者不哩②。

【注释】

①天楄：郭郛注证以为，此即方香柏，或芭蕉树。楄，郭璞注云："音'鞭'。"今读作"篇"。

②不哩：即吃东西时可以预防被噎住。哩，同"咽"，郭璞注云："食不噎也。"

【原文】

又东五十二里，曰放皋①之山。明水出焉，南流注于伊水，其中多苍玉。有木焉，其叶如槐，黄华而不实，其名曰蒙木②，服之不惑③。有兽焉，其状如蜂，枝尾而反舌④，善呼⑤，其名曰文文⑥。

【注释】

①皋：音"高"。
②蒙木：郭郛注证以为，此即檬花树，又名喜花、迎春花，落叶灌木，花、叶可入药。
③不惑：此处可理解为人服用了蒙树花或叶之后可以变得神志清醒。
④枝尾：郝懿行注云："枝尾，即分叉的尾巴。"郭郛注证以为，此当

是指尾巴很长，可以盘曲。反舌：舌能伸出然后反卷入嘴中。

⑤善呼：郭璞注云："好呼唤也。"郭郛注证以为，此可理解为能鸣叫。

⑥文文：郭郛注证释为长脚龙蜥，鬣蜥科，体侧扁，有鬣鳞。

【原文】

又东五十七里，曰大𦯼^①之山，多㻬琈之玉，多麋玉^②。有草焉，其状叶如榆，方茎而苍伤^③，其名曰牛伤^④，其根苍文^⑤，服者不厥^⑥，可以御兵。其阳狂水出焉，西南流注于伊水，其中多三足龟^⑦，食者无大疾，可以已肿。

【注释】

①𦯼：袁珂校注云，此字当为"苦"字。

②麋玉：即瑂玉。瑂，音"眉"，《说文》曰："石之似玉者。"

③苍伤：袁珂校注云，苍刺也。伤，即"刺"也。

④牛伤：郭璞注云："犹言牛棘。"郭郛注证释为野蔷薇。

⑤文：同"纹"。

⑥厥：郭璞注云："厥，逆气病。"《辞海》释曰："厥，中医病症，昏厥或者手足逆冷。"

⑦三足龟：袁珂校注引《尔雅》云，"龟三足，贲。"郭郛注证以为，此当为畸形龟或者受伤后幸存龟，即古时被人捕获后逃跑的龟。

【原文】

又东七十里，曰半石之山，其上有草焉，生而秀^①，其高丈余，赤叶赤华，华而不实②，其名曰嘉荣，服之者不霆③。来需之水出于其阳，而西流注于伊水，其中多𩽾鱼④，黑文，其状如鲋⑤，食者不睡⑥。合水出于其阴，而北流注于洛，多䱤鱼⑦，状如鳜⑧，居逵⑨，苍文赤尾，食者不痈⑩，可以为瘘⑪。

【注释】

① 秀：茂盛之意。欧阳修《醉翁亭记》有云："野芳发而幽香，佳木秀而繁阴。"

② 华而不实：只开花而不结果。

③ 不霆：袁珂校注云，当为"不畏霆"，言不畏霹雳也。

④ 𩽾鱼：即鳊鱼。𩽾，音"伦"。

⑤ 鲋：即今之鲫鱼。

⑥ 不睡：可以理解为不困顿、有精神。

⑦ 䱤鱼：即鳜类，又名桂鱼。䱤，音"腾"。

⑧ 鳜：音"桂"。

⑨ 逵：音"葵"，郭璞注云："水中之穴道交通者。"

⑩ 痈：音"佣"，肿也。

⑪ 瘘：音"漏"，脖子肿或者疮肿，久治不愈。郭璞注云："瘘，痈属也，中多有虫。"

【原文】

又东五十里，曰少室之山，百草木成囷①。其上有木焉，其名曰帝休②，叶状如杨，其枝五衢③，黄华黑实，服者不怒④。其上多玉，其下多铁。休水出焉，而北流注于洛，其中多䱤鱼⑤，状如盩蜼⑥而长距⑦，足白而对⑧，食者无蛊⑨疾，可以御兵。

【注释】

①百草木成囷：郝懿行注云："言草木屯聚如仓囷之形也。"囷，音"逡"，圆形的仓库。

②帝休：郭郭注证以为，此即梓树，又名花楸。

③其枝五衢：郭璞注云："言树枝交错，相重五出，有象衢路也。"衢，音"渠"，树枝交错、分叉之意。

④不怒：意谓平心静气、心神平和。

⑤䱤鱼：即小鲵。䱤，即"鳂"字，音"题"。

⑥盩蜼：郭郭注证以为，此即周至或山曲一带的金丝猴；《尔雅》云，蜼似猕猴。盩，音"舟"；蜼，音"未"。

⑦距：《说文》云，距，鸡距也，即鸡爪。此处作"爪子"解。

⑧对：郝懿行注云："对盖谓足趾相向也。"

⑨蛊：郝懿行以为，蛊当作"疑惑"解。按，《说文》释蛊为"腹中虫"，则"无蛊疾"解作"不生虫病"似亦通。

【原文】

又东三十里，曰泰室之山。其上有木焉，叶状如梨而赤理，其名曰栯木①，服者不妒。有草焉，其状如苍②，白华黑实，泽如蘡薁③，其名曰䔄草④，服之不昧⑤。上多美石。

【注释】

①楠木：郭郭注证释为楠李，又名白棣，落叶灌木。楠，音"郁"。

②茱：即北苍术，菊科，多年生草本植物。

③蘡薁：音"婴欲"，郭璞注云："言子滑泽。"郝懿行注云："盖即今之山葡萄。"

④蓇草：郭郭注证释为葡萄。蓇，音"瑶"。

⑤不眯：袁珂校注云，"经文不昧。王念孙校改不眯，不眯：不厌梦也。"

【原文】

又北三十里，曰讲山，其上多玉，多柘①，多柏。有木焉，名曰帝屋，叶状如椒②，反伤③赤实，可以御凶。

【注释】

①柘：音"这"，柘树也。

②椒：花椒之统称也。

③反伤：郭璞注云："刺下勾也。"可理解为该树的叶下有倒刺。伤，刺也。

【原文】

又北三十里，曰婴梁之山，上多苍玉，锜于玄石①。

【注释】

①锜于玄石：郭璞注云："言苍玉依黑石而生也。"锜，音"纯"，此

处做"蹲"之通假字,依附之意。

【原文】

又东三十里,曰浮戏之山。有木焉,叶状如樗①而赤实,名曰亢木②,食之不蛊。汜③水出焉,而北流注于河。其东有谷,因名曰蛇谷,上多少辛④。

【注释】

①樗:音"出",即臭椿。
②亢木:郭郭注证释为冬青或卫矛,皆可入药。
③汜:音"四"。
④少辛:郭璞注云:"细辛也。"又名小辛,多年生草本植物。

【原文】

又东四十里,曰少陉①之山。有草焉,名曰崗②草,叶状如葵,而赤茎白华,实如蘡薁,食之不愚③。器难之水出焉,而北流注于役水。

【注释】

①陉:音"刑"。
②崗:音"刚"。
③不愚:即该草有增益智力之功效。郭璞注云:"言益人智。"

【原文】

又东南十里,曰太山。有草焉,名曰梨①,其叶状如荻②而赤华,可以已疽③。太水出于其阳,而东南流注于役水;承水出于其阴,而东北流注于役水。

【注释】

①梨:郭郛注证以为,此即萝卜。

②荻:袁珂校注云:荻当为萩字之讹。萩,音"秋"。《尔雅》云:萧,萩。即蒿也。郭郛注证以为,荻乃白菜、青菜之类的统称。

③疽:音"拘",痈肿之病。

【原文】

又东二十里,曰末山,上多赤金。末水出焉,北流注于役水。

又东二十五里,曰役山,上多白金,多铁。役水出焉,北流注于河。

又东三十五里,曰敏山,上有木焉,其状如荆,白华而赤实,名曰蓟柏①,服者不寒②。其阳多㻬琈之玉。

【注释】

①蓟柏:郭郛注证云:"蓟柏、蓟柏,均是翠柏的异名;翠柏,丛生灌木,果实球形,红褐色,可入药。"蓟,音"计",《玉篇》云:"蓟,俗蓟字。"

②不寒：郭璞注云："即令人耐寒。"

【原文】

又东三十里，曰大騩①之山，其阴多铁、美玉、青垩。有草焉，其状如蓍②而毛，青华而白实，其名曰蒗③，服之不夭④，可以为⑤腹病。

【注释】

①騩：音"圭"。
②蓍：音"诗"，蓍草也。
③蒗：袁珂校注云，蒗当为蒗，音"很"；郭郭注证释为瑞香狼毒，多年生草本植物；或狼毒大戟，多年生草本植物；或莨菪，一年或两年生草本植物。均为有毒性的药物。
④不夭：不早亡。郭璞注云："言尽（益）寿也。"夭，短命、早死。
⑤为：治疗。

【原文】

凡苦山之首，自休与之山至于大騩之山，凡十有九山，千一百八十四里。其十六神者，皆豕身而人面。其祠：毛牷用一羊羞①，婴用一藻玉②瘗。苦山、少室、太室皆冢也，其祠之：太牢之具，婴以吉玉。其神状皆人面而三首，其余属皆豕身人面也。

【注释】

①用一羊羞：即以羊为祭品贡献给神祇。羞，同"馐"。

②藻玉：郭璞注云："藻玉，玉有五彩者也。"

中次八经

【原文】

中次八经荆山之首，曰景山，其上多金玉，其木多杼檀①。雎②水出焉，东南流注于江，其中多丹粟，多文鱼③。

【注释】

①杼：音"住"，郭郭注证以为，此处的"杼"乃檞树。檀：音"谈"，青檀也。

②雎：音"拘"。

③文鱼：郭璞注云："有斑彩也。"郭郭注证以为，此即鲤鱼、鳙鱼，俗称花鱼、花鲢。

【原文】

东北百里，曰荆山，其阴多铁，其阳多赤金，其中多犛牛①，多豹虎，其木多松柏，其草多竹，多橘櫾②。漳水出焉，而东南流注于雎，其中多黄金，多鲛鱼③。其兽多闾麋④。

【注释】

① 犛：音"狸"，《说文》云："犛，西南夷长髦牛也。"
② 櫾：即"柚"字，郭璞注云："櫾似橘而大也，皮厚味酸。"
③ 鲛鱼：郝懿行注云："即今沙鱼。"郭郭注证以为，此即蛟，中国古代对大型鼍类的统称。
④ 闾：即北山羊。麈：即麋鹿，郭璞注云："似鹿而大也。"

【原文】

又东北百五十里，曰骄山，其上多玉，其下多青雘①，其木多松柏，多桃枝钩端②。神蟲③围处之，其状如人面，羊角虎爪，恒游于睢漳之渊，出入有光④。

【注释】

① 雘：音"获"，青雘：即丹青颜料石。
② 钩端：郭璞注云："桃枝属。"此处可理解为一种刺竹、毛竹。
③ 蟲：音"驼"。
④ 出入有光：郭郭注证以为，此乃描述大型蟲在水中游动时水有反光之状。

【原文】

又东北百二十里，曰女几之山，其上多玉，其下多黄金，其兽多豹虎，多闾麋麈麂①，其鸟多白鷮②，多翟③，多鸩④。

【注释】

①麖：音"京"，即黑鹿。麂：音"几"，即赤麂，鹿科，又称吠鹿。郭璞注云："麂似獐而大。"

②䳨：音"交"，郭璞注云："䳨似雉而长尾，走且鸣。"郭郛注证释为白色长尾雉。

③翟：长尾山鸡。

④鸩：音"镇"，郭璞注云："鸩大如雕，紫绿色，长颈赤喙，食蝮蛇头；雄名运日，雌名阴谐也。"《说文》曰："鸩，毒鸟也。"郭郛注证以为，鹰、雕之类猛禽吞食蝮蛇，蛇毒留在禽类羽毛上，有毒性，因而被称为鸩毒。则鸩可以理解为吞食毒蛇的猛禽类。

【原文】

又东北二百里，曰宜诸之山，其上多金玉，其下多青䔖。洈①水出焉，而南流注于漳，其中多白玉。

【注释】

①洈：音"围"。

【原文】

又东北三百五十里，曰纶①山，其木多梓枏②，多桃枝，多柤、栗③、橘、櫾，其兽多闾、麈、麢、㚟④。

【注释】

①纶：音"伦"。

②梓：即梓树。枏：同"楠"，即楠树。

③柤：音"渣"，郭璞注云："柤似梨而酢涩。"郝郭注证释为山楂。栗：栗树，又名板栗。

④麈：音"嘱"，即麋鹿。麠：即麒麟。夒：据孙见坤注，此即麑字；音"缠"；郭璞注云："似菟而鹿脚，青色。音'绰'。"郝郭注证释为鼠兔。

【原文】

又东二百里，曰陆鄜①之山，其上多珉珚之玉，其下多垩，其木多杻橿。

【注释】

①鄜：音"鬼"。

【原文】

又东百三十里，曰光山，其上多碧，其下多水。神计蒙①处之，其状人身而龙首，恒游于漳渊，出入必有飘风暴雨。

又东百五十里，曰岐山，其阳多赤金，其阴多白珉②，其上多金玉，其下多青雘，其木多樗。神涉鼉③处之，其状人身而方面三足。

【注释】

①计蒙：神名也。

②白珉：郭郭注证释为白玉石。珉，音"民"，《说文》云："石之美者。"
③涉蟲：神名也。

【原文】

又东百三十里，曰铜山，其上多金、银、铁，其木多榖、柞、柤、栗、橘、櫾，其兽多犳①。

【注释】

①犳：音"卓"，郝懿行注云："豹文兽也。"郭郭注证释为金猫，又名原猫、黄虎，较大型猫，貌似小豹。

【原文】

又东北一百里，曰美山，其兽多兕牛，多闾麈，多豕鹿，其上多金，其下多青䨼。

又东北百里，曰大尧之山，其木多松柏，多梓桑，多机①，其草多竹，其兽多豹、虎、麢、㚟。

【注释】

①机：即桤树，落叶乔木，叶长椭圆形。

【原文】

又东北三百里，曰灵山，其上多金玉，其下多青䨼，其木多桃、李、梅、杏①。

【注释】

①梅：梅树，又名春梅。郭璞注云："梅似杏而酢也。"杏：即杏树，又名杏花。

【原文】

又东北七十里，曰龙山，上多寓木①，其上多碧，其下多赤锡②，其草多桃枝钩端。

【注释】

①寓木：郭璞注云："寄生也，一名宛童。"郭郛注证释为桑寄生，绿色半寄生灌木，通常以寄生根寄生于他树之上。

②赤锡：即赤铜。

【原文】

又东南五十里，曰衡山，上多寓木榖柞，多黄垩、白垩。

又东南七十里，曰石山，其上多金，其下多青䨼，多寓木。

又南百二十里，曰若山，其上多㻁琈之玉，多赭①，多邽石②，多寓木，多柘。

【注释】

①赭：音"者"，赤土也。

②邽石：袁珂校注以为邽石当作封石。封石，谓石之次玉者。郭郛注证以为，此即人工打磨出来的小型装饰用玉石。邽，音"归"。

凡荆山之首,自景山至琴鼓之山,其神状皆鸟身而人面。岷山,江水出焉,其中多良龟,多鼍。崌山有鸟焉,状如鸮而赤身白首,其名曰窃脂,可以御火。蛇山有兽焉,状如狐,而白尾长耳,名䃶狼。鬲山,其兽多犀象熊罴,多猿蜼。

【原文】

又东南一百二十里，曰鼣^①山，多美石，多柘。

【注释】

①鼣：音"至"。

【原文】

又东南一百五十里，曰玉山，其上多金玉，其下多碧铁^①，其木多柏。

【注释】

①碧：玉也。铁：铁矿石也。

【原文】

又东南七十里，曰谨山，其木多檀，多邽石，多白锡^①。郁水出于其上，潜于其下^②，其中多砥砺。

【注释】

①白锡：郭璞注云："白镴也。"郭郭注证释为此即锡铅合金的白镴。
②郁水出于其上，潜于其下：此谓郁水河从谨山中发源，潜流于谨山之中。潜，潜流也。

【原文】

又东北百五十里，曰仁举之山，其木多榖柞，其阳多赤金，其阴多赭。

又东五十里，曰师每之山，其阳多砥砺，其阴多青䨼，其木多柏，多檀，多柘，其草多竹。

又东南二百里，曰琴鼓之山，其木多榖、柞、椒①、柘，其上多白珉，其下多洗石，其兽多豕鹿，多白犀，其鸟多鸩。

【注释】

①椒：郭璞注云："椒为树小而丛生，下有草木则蓋死。"郭郭注证释为花椒。

【原文】

凡荆山之首，自景山至琴鼓之山，凡二十三山，二千八百九十里。其神状皆鸟身而人面。其祠：用一雄鸡祈瘗①，婴用一藻圭，糈用稌。骄山，冢也，其祠：用羞酒少牢祈瘗，婴毛②一璧。

【注释】

①祈瘗：郭璞注云："祷请已薶之也。"此处可理解为用雄鸡做祭品，以鸡血涂于祭器，祭后将鸡埋入地下。祈，祷请也；瘗，音"易"，掩埋也。

②婴毛：袁珂校注云："婴毛当系婴用之误；婴为以玉献神之专称，婴用一璧者，以一璧祠祭于神也。"

中次九经

【原文】

中次九经岷山之首，曰女几之山，其上多石涅①，其木多杻橿，其草多菊术②。洛水出焉，东注于江，其中多雄黄，其兽多虎豹。

【注释】

①石涅：石墨也。
②菊：即菊科、菊属植物的统称。术：即北苍术。

【原文】

又东北三百里，曰岷山，江水①出焉，东北流注于海，其中多良龟②，多鼍③。其上多金玉，其下多白珉。其木多梅棠④，其兽多犀象，多夔牛⑤，其鸟多翰鷩⑥。

【注释】

①江水：此处可理解为长江的支流或旁流；下同。
②良龟：郭郭注证以为，此即水龟类。良，郭璞注云："良，善也。"
③鼍：音"驼"，郭璞注云："似蜥蜴，大者长二丈，有鳞彩，皮可以冒鼓。"郭郭注证以为，鼍即中华鼍，亦名扬子鳄。
④棠：郭郭注证以为，此处棠乃是川梨，乔木，有木刺。
⑤夔牛：郭璞注云："今蜀山中有大牛，重数千斤，名为夔牛，即《尔雅》所谓犩。"郭郭注证以为，此即野牛，未驯养的牛类。夔，音"葵"。

⑥翰鹫：郭璞注云："白翰赤鹫。"即白鹇、锦鸡类。

【原文】

又东北一百四十里，曰崃①山，江水出焉，东流注于大江。其阳多黄金，其阴多麋麈②，其木多檀柘，其草多薤③韭④，多药⑤、空夺⑥。

【注释】

①崃：音"来"。
②麋：麋鹿。麈：音"嘱"，大鹿。
③薤：音"谢"，多年生草本植物，地下有鳞茎，鳞茎和嫩叶可食。
④韭：即野韭菜。《说文》曰："韭，菜名，一种而久者，故谓之韭。"
⑤药：即白芷也。
⑥空夺：袁珂校注以为，空夺即寇脱也。寇脱，即通脱木。

【原文】

又东一百五十里，曰崌①山，江水出焉，东流注于大江，其中多怪蛇②，多鳌鱼③，其木多楢④杻，多梅梓，其兽多夔牛、羬、臭⑤、犀、兕。有鸟焉，状如鸮⑥而赤身白首，其名曰窃脂⑦，可以御火。

【注释】

①崌：音"居"。
②怪蛇：郭璞注云："今永昌郡有钩蛇，长数丈，尾岐，在水中钩取岸上人、牛、马啖之，又呼马绊蛇，谓此类也。"郭郭注证以为，此即中华鼍。

③蛰：郭璞注云，"音'赘'，未闻"。郭郛注证以为，蛰同"鲥"，即鲥鱼，鲱科，体侧扁，银白色。

④楢：郭璞注云："楢，刚木也，中车材。音'秋'。"按，今音"有"，木材坚韧，可做车轮，也用来取火。郭郛注证释之为春榆。

⑤夔牛：野牛也。麢：音"灵"，大鹿也。㚟：音"缠"，兔也。郭郛注证以为此处当作"貔"，音"皮"，即雪豹。

⑥鸮：音"枭"，即猫头鹰。

⑦窃脂：郭郛注证以为，此或为蜡嘴雀。雀科，杂食性动物，夏季肉食。

【原文】

又东三百里，曰高梁之山，其上多垩①，其下多砥砺②，其木多桃枝、钩端。有草焉，状如葵而赤华，荚实白柎③，可以走马④。

【注释】

①垩：音"厄"，白色土也。
②砥砺：磨刀石也。
③柎：花萼也，亦指草木子房。
④可以走马：此处可以理解为该草的气味能够刺激马匹快跑。

【原文】

又东四百里，曰蛇山，其上多黄金，其下多垩，其木多枸①，多豫章②，其草多嘉荣、少辛③。有兽焉，其状如狐，而白尾长耳，名㹈狼④，见则国内有兵。

【注释】

①枸：枸树，即枸刺树，落叶灌木，叶卵形，花白色，果实球形，红色，供观赏。

②豫章：郭璞注云："大木，似楸，叶冬夏青，生七年而后可知也。"郝懿行注云："即樟木也。"

③嘉荣：即蘘荷类。少辛：即细辛。

④狌狼：郭郛注云："此即狼之一种，产于四川东北部。"狌，汪绂注云：狌音"已"。

【原文】

又东五百里，曰鬲①山，其阳多金，其阴多白珉。蒲鸛②之水出焉，而东流注于江，其中多白玉。其兽多犀、象、熊、罴，多猿、蜼③。

【注释】

①鬲：音"革"。

②鸛：郭璞注云：音"薨"。

③蜼：音"未"，汪绂注云："蜼，猿属，仰鼻岐尾，天雨则自悬树，而以尾塞鼻。"郭郛注证释曰："即金丝猴。"

【原文】

又东北三百里，曰隅①阳之山，其上多金玉，其下多青雘②，其木多梓桑，其草多茈③。徐之水出焉，东流注于江，其中多丹粟④。

【注释】

①䗩：音"鱼"。

②䑏：音"获"。

③茈：同"紫"，即紫草。

④丹粟：即细细的丹砂。

【原文】

又东二百五十里，曰岐山，其上多白金，其下多铁，其木多梅梓，多杻楢①。减水出焉，东南流注于江。

【注释】

①杻：杻树，即檍椴。楢：楢树，即春榆。

【原文】

又东三百里，曰勾㭁①之山，其上多玉，其下多黄金，其木多栎柘，其草多芍药。

【注释】

①㭁：袁珂校注云，㭁音"弥"。

【原文】

又东一百五十里，曰风雨之山，其上多白金，其下多石涅，其木多椒椐①，多杨②。宣余之水出焉，东流注于江，其中多蛇③。其兽多闾、麋④，多豹虎，其鸟多白䳂⑤。

【注释】

①椒：音"邹"，椒木。郭郭注证以为，此或为川箭竹、大箭竹，四川西部特产之一。㯉：音"善"，郭郭注证释为黄杨。郭璞注云："椒木，未详也；㯉木白理，中栉。"

②杨：即杨树，直立乔木。郭郭注证以为，此处乃是川白杨。

③蛇：郝懿行注云："水蛇也。"

④闾：即北山羊。麋：即麋鹿。

⑤䳂：音"骄"，白䳂，即白长尾雉。

【原文】

又东北二百里，曰玉山，其阳多铜，其阴多赤金，其木多豫章楢杻，其兽多豕鹿麢㚐，其鸟多鸩。

又东一百五十里，曰熊山。有穴焉，熊之穴，恒出神人。夏启而冬闭；是穴也，冬启乃必有兵。其上多白玉，其下多白金，其木多樗柳①，其草多寇脱②。

【注释】

①樗：樗树，即臭椿。柳：即柳树。

②寇脱：即通脱木。

【原文】

又东一百四十里，曰騩①山，其阳多美玉赤金，其阴多铁，其木多桃枝、荆、芑②。

【注释】

①騩：音"归"。

②荆：荆条也。芑：郝懿行以为，芑盖芑字之讹，芑又杞之假借字也。郭郛注证释为芭蕉类。

【原文】

又东二百里，曰葛山，其上多赤金，其下多瑊石①，其木多柤、栗、橘、櫾、楢、杻②，其兽多麢臭，其草多嘉荣③。

【注释】

①瑊：音"奸"；张揖注《子虚赋》"瑊玏玄厉"云，瑊、玏，石之次玉者。郭郛注云："瑊，美玉也。"

②柤：音"渣"，同"楂"，山楂也。櫾：音"有"，同"柚"，柚子树也。楢：音"由"，楢树也，即春榆。杻：音"扭"，杻树也，即檍椴。

③嘉荣：即襄荷类。

【原文】

又东一百七十里，曰贾超之山，其阳多黄垩，其阴多美赭，其木多柤栗橘櫾，其中多龙脩①。

【注释】

①龙脩：郭璞注云："龙须也。似莞而细，生山石穴中，茎倒垂，可

以为席。"郭郛注证云:"此即龙须草,又名灯心草,多年生草本,根茎可入药。"

【原文】

凡岷山之首,自女几山至于贾超之山,凡十六山,三千五百里。其神状皆马身而龙首。其祠:毛用一雄鸡瘗,糈用稌。文山①、勾㭛、风雨、騩之山,是皆冢也。其祠之:羞酒②,少牢具,婴用一吉玉。熊山,席③也,其祠:羞酒,太牢具,婴用一璧。干儛④,用兵以禳⑤;祈,璆冕舞⑥。

【注释】

①文山:郝懿行注云:"此上无文山,盖即岷山也。《史记》又作汶山,并古字通用。"

②羞酒:郭璞注云:"先进酒以酹神。"羞,同"馐"。

③席:郭璞注云:"席者,神之所冯止也。"袁珂校注以为,此处席乃"帝"字之讹。帝山,在《山海经》中祭祀礼仪高于冢山的一个品级。

④干儛:即持有盾牌的众人集体跳舞。郭璞注云:"儛者,持盾武舞也。"儛,音"舞"。

⑤禳:音"嚷",郭璞注云:"禳,祓除之祭名。"禳在祭祀中有祭悼消灾之意。

⑥璆冕舞:汪绂注云:"求福祥则祭用璆玉,舞者用冕服以舞也。"璆,音"求",《尔雅》云:"璆、琳,玉也。"冕,音"免",礼帽也。袁珂校注云:"二句意当为禳则干舞,祈则冕服持玉以舞也。"

中次十经

【原文】

中次十经之首,曰首阳之山,其上多金玉,无草木。

又西五十里,曰虎尾之山,其木多椒㭆①,多封石②,其阳多赤金,其阴多铁。

【注释】

①椒:即花椒树。㭆:音"具",即榉树。

②封石:《本草别录》云:"封石味甘,无毒,生常山及少室。"郭郭注证以为,封石即人工打磨出来用于装饰的小玉石块。

【原文】

又西南五十里,曰繁缋①之山,其木多楢杻,其草多枝勾②。

【注释】

①缋:郭璞注云:"音'溃'。"今音"会"。

②枝勾:郭郭注证以为,枝勾即冻绿,又名大脑头、狗李。落叶灌木或乔木,小枝顶端长有刺,故名枝勾。

【原文】

又西南二十里,曰勇石之山,无草木,多白金,多水。

又西二十里,曰复州之山,其木多檀①,其阳多黄金。有鸟焉,其状如鸮,而一足彘尾,其名曰跂踵②,见则其国大疫。

【注释】

①檀:即檀树。

②跂踵:郭郭注证以为,此即鬼鸮,鸱鸮科,体黑褐色,夜出昼伏,常一足立于树枝,故有此名。跂,音"弃";踵,音"肿"。

【原文】

又西三十里,曰楮①山,多寓木②,多椒椐,多柘,多垩。

【注释】

①楮:音"楚"。

②寓木:即寄生木。

【原文】

又西二十里,曰又原之山,其阳多青䨼,其阴多铁,其鸟多鸜鹆①。

【注释】

①鸜鹆:即八哥。鸜,音"渠";鹆,音"玉"。

【原文】

又西五十里,曰涿山,其木多榖柞杻,其阳多㻬琈之玉。

又西七十里，曰丙山，其木多梓檀，多㸦杻①。

【注释】

①㸦杻：郝懿行以为此即长杻也，杻为木多曲少直，此杻独长，故着之。郭郛注证以为，㸦杻，可引申理解为适度弯曲的杻树或楝椴树。㸦，音"审"。

【原文】

凡首阳山之首，自首山①至于丙山，凡九山，二百六十七里。其神状皆龙身而人面。其祠之：毛用一雄鸡瘗，糈用五种之糈。堵山②，冢也，其祠之：少牢具，羞酒祠，婴毛一璧瘗。骢山，帝也，其祠：羞酒，太牢其③；合巫祝二人儛④，婴一璧。

【注释】

①首山：即首阳山。

②堵山：郝懿行注云："即楮山也。"

③其：郝懿行注云："其当为具字之讹。"

④合巫祝二人儛：可理解为祭祀中巫、祝两种角色合起来跳舞。巫，以舞蹈求福降祥之妇女；祝，唱歌、呼号、念诵经文之人。

中次十一经

【原文】

　　中次一十一山经荆山之首,曰翼望之山。湍水出焉,东流注于济;贶①水出焉,东南流注于汉,其中多蛟②。其上多松柏,其下多漆梓,其阳多赤金,其阴多珉③。

【注释】

①贶:音"况"。
②蛟:郭璞注云:"似蛇而四脚,小头细颈,(颈)有白瘿,大者十数围,卵如一二石瓮,能吞人。"郭郛注证以为,蛟即大型的鳄,此处当是体型较大的中华鳄。
③珉:石之次玉者,即玉石。

【原文】

　　又东北一百五十里,曰朝歌之山。沶①水出焉,东南流注于荥②,其中多人鱼。其上多梓楠,其兽多麢麋。有草焉,名曰莽草③,可以毒鱼。

【注释】

①沶:音"武"。
②荥:音"英"。

凡岷山之首，自女几山至于贾超之山，其神状皆马身而龙首。复州之山，有鸟焉，其状如鸮，而一足彘尾，其名曰跂踵。又原之山，其鸟多鹳鹆。丰山，神耕父处之，常游清泠之渊，出入有光。瑶碧之山，有鸟焉，其状如雉，名曰鸩。支离之山，有鸟焉，其名曰婴勺，其状如鹊，赤目、赤喙、白身，其尾若勺。依轱之山，有兽焉，其状如犬，虎爪有甲，其名曰獜。

③莽草：汪绂注云，"即芒草也。"芒草，即今之细叶茴香。

【原文】

又东南二百里，曰帝囷①之山，其阳多㻬琈之玉，其阴多铁。帝囷之水出于其上，潜于其下，多鸣蛇②。

【注释】

①囷：音"逡"。
②鸣蛇：即中华鼍，又名扬子鳄。

【原文】

又东南五十里，曰视山，其上多韭。有井焉，名曰天井，夏有水，冬竭。其上多桑，多美垩金玉。

又东南二百里，曰前山，其木多槠①，多柏，其阳多金，其阴多赭②。

【注释】

①槠：音"诸"，郭璞注云："似柞子，可食，冬夏生（青），作屋柱难腐。"《玉篇》云："槠，木名，冬不凋。"郭郛注证释为槠栎树，又名棉槠、苦槠，常绿乔木。
②赭：音"者"，红土也。

【原文】

又东南三百里，曰丰山。有兽焉，其状如猿①，赤目、赤喙、黄身，名曰雍和②，见则国有大恐。神耕父③处之，常游清泠④之渊，出入有光，见则其国为败⑤。有九钟焉，是知霜鸣⑥。其上多金，其下多穀柞杻檀。

【注释】

①蝯：同"猿"，猿猴也。

②雍和：即金丝猴也。

③耕父：神名。袁珂注云："耕父，旱鬼也。"

④泠：音"灵"。

⑤败：灾年、荒年也。《穀梁传·庄公二十八年》云："丰年补败。"

⑥是知霜鸣：郭璞注云："霜降则钟鸣，故言知也。"

【原文】

又东北八百里，曰兔床之山，其阳多铁，其木多藷藇①，其草多鸡谷②，其本如鸡卵，其味酸甘，食者利于人。

又东六十里，曰皮山，多垩，多赭，其木多松柏。

【注释】

①藷藇：音"朱须"，即山药。汪绂注云："藷藇非木也，此疑当是楮芧，芧，小栗也。"

②鸡谷：郝懿行注云："鸡谷疑即蒲公英也。然则蒲公英可食乎？"郭郭注证以为，鸡谷可能就是鸡果，鸡果即中华猕猴桃。存疑。

【原文】

又东六十里，曰瑶碧之山，其木多梓柟，其阴多青雘，其阳多白金。有鸟焉，其状如雉，恒食蜚①，名曰鸩②。

【注释】

①蜚：音"匪"，郭璞注云："蜚，负盘也，臭虫。"郭郭注证释为蚊、蛇之类。

②鸩：音"镇"，郭璞注云："此更一种鸟，非食蛇之鸩也。"郭郭注证解释为食蚊鹰、蚊母鸟，夜鹰科，黄昏时飞出捕食蚊、蛇等。

【原文】

又东四十里，曰支离之山。济水出焉，南流注于汉。有鸟焉，其名曰婴勺①，其状如鹊，赤目、赤喙、白身，其尾若勺②，其鸣自呼。多牦牛，多羬羊③。

【注释】

①婴勺：郭郭注证释为柳叶鸡、勺鸡，雉科。

②若勺：郭璞注云："似酒勺形。"

③羬羊：即捻角山羊。羬，音"前"。

【原文】

又东北五十里，曰袟筒①之山，其上多松柏机柏②。

【注释】

①袟：音"至"。箇：音"雕"。

②机：榿木也。柏：袁珂校注以为当为"桓"字，即无患子树，可以浣衣去垢。无患子树，又名菩提子、木患子，落叶或常绿乔木。果皮可取代肥皂作洗涤用，也可制成杀虫剂。

【原文】

又西北一百里，曰堇①理之山，其上多松柏，多美梓，其阴多丹臒，多金，其兽多豹虎。有鸟焉，其状如鹊，青身白喙，白目白尾，名曰青耕②，可以御疫，其鸣自叫。

【注释】

①堇：音"琴"。

②青耕：郭郛注证以为，此即喜鹊。

【原文】

又东南三十里，曰依轱①之山，其上多杻橿，多苴②。有兽焉，其状如犬，虎爪有甲，其名曰獜③，善駚㺠④，食者不风⑤。

【注释】

①轱：音"枯"。

②苴：音"举"，郭郛注证以为"苴"即"椐"，榉树，春榆也。

③獜：音"林"，郭璞注云："言体有鳞甲。"郭郛注证以为，此即犬

之亚种。

④駚䮃：郭璞注云："跳跃自扑也。"即跳跃、扑向猎物之意。駚，音"央"；䮃，音"奋"。

⑤不风：即不得风病。

【原文】

又东南三十五里，曰即谷之山，多美玉，多玄豹①，多闾麈，多麢臭。其阳多珉，其阴多青䨼。

【注释】

①玄豹：即黑豹也。

【原文】

又东南四十里，曰鸡山，其上多美梓，多桑，其草多韭。

又东南五十里，曰高前之山。其上有水焉，甚寒而清，帝台①之浆也，饮之者不心痛。其上有金，其下有赭。

【注释】

①帝台：袁珂注云："帝台者，盖治理一方之小天帝，犹人间徐偃王之类是也。"

【原文】

又东南三十里，曰游戏之山，多杻、檀、榖，多玉，多封石。

又东南三十五里，曰从山，其上多松柏，其下多竹。从水出于其上，潜于其下，其中多三足鳖，枝尾①，食之无蛊疫。

【注释】

①枝尾：尾巴分叉也。枝，同"歧"。

【原文】

又东南三十里，曰婴硍①之山，其上多松柏，其下多梓櫄②。

【注释】

①硍：郭璞注云：音"真"。

②櫄：音"纯"，郝懿行注云："櫄即杻字。香椿也。"

【原文】

又东南三十里，曰毕山。帝苑之水出焉，东北流注于瀍，其中多水玉①，多蛟。其上多㻬琈之玉。

【注释】

①水玉：水晶也。

【原文】

又东南二十里，曰乐马之山。有兽焉，其状如彙①，赤如丹火，其名曰㺅②，见则其国大疫。

【注释】

①彙：吴任臣注云，猬鼠也。即刺猬。

②猴：音"力"，郭郭释为鼩鼱。

【原文】

又东南二十五里，曰葴山①，澧水出焉，东南流注于汝水，其中多人鱼，多蛟，多颉②。

【注释】

①葴：音"真"。

②颉：音"携"。郭璞注云："如青狗。"郭郭注证释之为江獭，或小爪水獭。

【原文】

又东四十里，曰婴山，其下多青雘，其上多金玉。

又东三十里，曰虎首之山，多苴椆①椐。

【注释】

①苴：音"举"，即榉树。椆：音"雕"，椆树，又名包栎树、椆木树。

【原文】

又东二十里，曰婴侯①之山，其上多封石，其下多赤锡。

【注释】

①侯：音"候"。

【原文】

又东五十里，曰大孰之山。杀水出焉，东北流注于视水，其中多白垩。

又东四十里，曰卑山，其上多桃李苴梓，多纍①。

【注释】

①纍：郭璞注云："今虎豆狸豆之属。"郭郛注证释为紫藤。

【原文】

又东三十里，曰倚帝之山，其上多玉，其下多金。有兽焉，状如獃鼠①，白耳白喙，名曰狙如②，见则其国有大兵。

【注释】

①獃鼠：郭郛注证释为艾鼬，又名地狗、艾虎，体黑色，性情残忍，以鼠类为食。獃，音"费"。

②狙如：郭郛注证释为伶鼬，别名银鼠、白鼠，以小型鼠类、虫类为食。狙，音"拘"。

【原文】

又东三十里，曰鲵①山，鲵水出于其上，潜于其下，其中多美垩。其上多金，其下多青䨼。

【注释】

①鲵：音"泥"。

【原文】

又东三十里，曰雅山。澧①水出焉，东流注于澜水，其中多大鱼。其上多美桑，其下多苴②，多赤金。

【注释】

①澧：音"礼"。
②苴：音"举"，榉树。

【原文】

又东五十五里，曰宣山。沦水出焉，东南流注于澜水，其中多蛟。其上有桑焉，大五十尺①，其枝四衢②，其叶大尺余，赤理黄华青柎，名曰帝女之桑。

【注释】

①大五十尺：意谓树粗五丈也。
②其枝四衢：郭璞注云："言枝交互四出。"

【原文】

又东四十五里，曰衡山，其上多青䨼，多桑，其鸟多鸜鹆①。

【注释】

①鸜鹆：音"渠玉"，八哥也。

【原文】

又东四十里，曰丰山，其上多封石，其木多桑，多羊桃，状如桃而方茎，可以为皮张①。

【注释】

①为皮张：郭璞注云："治皮肿起。"

【原文】

又东七十里，曰妪①山，其上多美玉，其下多金，其草多鸡谷②。

【注释】

①妪：音"遇"。

②鸡谷：即中华猕猴桃，或以为蒲公英。

【原文】

又东三十里，曰鲜山，其木多楢、杻、苴，其草多䕲冬①，其阳多金，其阴多铁。有兽焉，其状如膜大②，赤喙、赤目、白尾，见则其邑有火，名曰㺼③即。

【注释】

①䕲冬：即门冬草。䕲，音"门"。

②膜大：郝懿行注云："大当为犬字之讹，《广韵》作犬，可证。膜犬者，即西膜之犬，今其犬高大浓毛，猛悍多力也。"郭郛注证云："膜即貘，乃大熊猫之古称。"二说皆通。存疑。

③𤝖：郭璞注云："音'移'。"《玉篇》云："𤝖，兽名。"郭郛注证以为，此即小猫熊。

【原文】

又东三十里，曰章山，其阳多金，其阴多美石。皋水出焉，东流注于澧水，其中多脆石①。

【注释】

①脆石：即薄而易碎的石块。脆，音"脆"，即脆也。《说文》云："脆，小而易断也。"

【原文】

又东二十五里，曰大支之山，其阳多金，其木多榖柞，无草木。

又东五十里，曰区吴之山，其木多苴。

又东五十里，曰声匈之山，其木多榖，多玉，上多封石。

又东五十里，曰大騩①之山，其阳多赤金，其阴多砥石。

【注释】

①騩：音"归"。

【原文】

又东十里，曰踵臼之山，无草木。

又东北七十里，曰历石之山，其木多荆芑①，其阳多黄金，其阴多砥石。有兽焉，其状如狸，而白首虎爪，名曰梁渠②，见则其国有大兵。

【注释】

①芑：同"杞"。
②梁渠：郭郛注证释为花面狸，又名果子狸。

【原文】

又东南一百里，曰求山。求水出于其上，潜于其下，中有美赭。其木多苴，多𥳑①。其阳多金，其阴多铁。

【注释】

①𥳑：音"媚"，同"篃"，箭竹也。

【原文】

又东二百里，曰丑阳之山，其上多椆椐①。有鸟焉，其状如乌而赤足，名曰𪁺𪃑②，可以御火。

【注释】

①椆：音"稠"，椆木树。椐：音"居"，樻树。

②䮝鯶：袁珂校注云：䮝鯶音"枳徒"。郭郭注证释为地鸦，足红色。

【原文】

又东三百里，曰奥山，其上多柏杻橿，其阳多㻬琈之玉。奥水出焉，东流注于瀙水。

又东三十五里，曰服山，其木多苴，其上多封石，其下多赤锡。

又东百十里，曰杳山，其上多嘉荣①草，多金玉。

【注释】

①嘉荣：郭郭注证以为，此或为蘘荷，或为葫芦。存疑。

【原文】

又东三百五十里，曰几山，其木多楢檀杻，其草多香①。有兽焉，其状如彘，黄身、白头、白尾，名曰闻獜②，见则天下大风。

【注释】

①其草多香：草有芳香也，即草多为香草之类。
②獜：音"临"，郭郭注证释为黄色野猪。

【原文】

凡荆山之首，自翼望之山至于几山，凡四十八山，三千七百三十二里。其神状皆彘身人首。其祠：毛用一雄鸡祈，瘗用一珪，糈用五种之精①。禾山②，帝也，其祠：太牢之具，羞瘗倒毛③，用一璧，牛无常④。堵山、玉山⑤，冢也，皆倒祠⑥，羞毛少牢，婴毛⑦吉玉。

【注释】

①五种之精：郭璞注云："备五谷之美者。"袁珂校注云："谓用五种精米以祀神。"

②禾山：郝懿行注云："上文无禾山，或云帝囷山之脱文，或云求山之误文。"

③羞瘗倒毛：郭璞注云："荐羞反倒牲薶之也。"

④牛无常：汪绂注云："不必牺牷具也。"

⑤堵山、玉山：郝懿行注云："堵山见《中次十经》，玉山见《中次八、九经》，此经都无此二山，未审何字之讹。"

⑥倒祠：郝懿行注云："倒祠，亦谓倒毛也。"

⑦毛：袁珂校注云："经文婴毛吉玉，江绍原亦以为毛系用字之讹。"

中次十二经

【原文】

中次十二经洞庭山之首，曰篇遇之山，无草木，多黄金。

又东南五十里，曰云山，无草木。有桂竹，甚毒，伤人必死。其上多黄金，其下多㻬琈之玉。

又东南一百三十里，曰龟山，其木多榖柞椆椐①，其上多黄金，其下多青、雄黄，多扶竹②。

洞庭之山，帝之二女居之，是常游于江渊。澧沅之风，交潇湘之渊，是在九江之间，出入必以飘风暴雨。

【注释】

①穀：音"谷"，构树也。柞：音"昨"，柞树也。椆：音"稠"，椆树也。椐：音"居"，榉树也。

②扶竹：郭璞注云："邛竹也。高节实中，中杖也；名之扶老竹。"今又名拐棍竹、扶老竹。

【原文】

又东七十里，曰丙山，多筀竹①，多黄金铜铁，无木。

【注释】

①筀竹：竹之一种，因桂阳所生，故名之也。筀竹，亦作"桂竹"。筀，音"桂"。

【原文】

又东南五十里，曰风伯之山，其上多金玉，其下多痠石、文石①，多铁，其木多柳、杻、檀、楮②。其东有林焉，名曰莽浮之林，多美木鸟兽。

【注释】

①痠石：郭郭注证以为，乃砭石之一种，据说能够治疗病痛。痠，音"酸"，《广雅》云："痠，痛也。"文石：有花纹的石块。

②杻：音"扭"，杻树也，即檍椴树。檀：音"谈"，檀树。楮：音"楚"，即构树。

【原文】

又东一百五十里,曰夫夫之山,其上多黄金,其下多青雄黄,其木多桑楮,其草多竹、鸡鼓①。神于儿②居之,其状人身而身操两蛇,常游于江渊③,出入有光。

【注释】

①鸡鼓:毕沅注云:"即上鸡谷草,谷、鼓声相近。鸡谷,即中华猕猴桃也。"
②于儿:神名。
③江渊:长江或者其附近沼泽中的深潭。

【原文】

又东南一百二十里,曰洞庭之山,其上多黄金,其下多银铁,其木多柤、梨、橘、櫾①,其草多葌、蘪芜、芍药、芎䓖②。帝之二女居之,是常游于江渊。澧沅之风,交潇湘之渊,是在九江之间,出入必以飘风暴雨。是多怪神,状如人而载蛇③,左右手操蛇。多怪鸟。

【注释】

①柤:音"楂",即山楂。櫾:音"柚",即柚子树。
②葌:音"奸",兰草也。蘪芜:音"迷无",川芎之类的香草也;郭璞注云:"蘪芜,似蛇床而香也。"芎䓖:即"川芎"也。

③载蛇：即将蛇作为玩物盘于身上之状。载，通"戴"。

【原文】

又东南一百八十里，曰暴山，其木多棕、柟、荆、芑、竹箭、䉋、箘①，其上多黄金、玉，其下多文石、铁，其兽多麋鹿麢②，就③。

【注释】

①棕：棕树也。柟：音"楠"，即楠树也。荆：荆棘树也。芑：音"起"，杞树也。竹箭：即箭竹也。䉋：音"媚"，同"篃"，眉竹也。箘：音"逸"，竹之一种；郭郭注证以为，此或为阔叶箬竹。

②麢：袁珂校注云：音"几"，即"麂"，黑鹿。

③就：郭璞注云：就，雕也。《说文》云：鹫鸟，黑色，多子，通作"就"。

【原文】

又东南二百里，曰即公之山，其上多黄金，其下多㻬琈之玉，其木多柳、杻、檀、桑。有兽焉，其状如龟，而白身赤首，名曰蛫①，是可以御火。

【注释】

①蛫：音"鬼"，郭郭注证释为缺齿鼹，鼹鼠科，外形似鼠。

【原文】

又东南一百五十九里，有尧山，其阴多黄垩，其阳多黄金，其木多荆、芑、柳、檀，其草多藷藇、茶①。

【注释】

①藷藇：音"朱须"，即山药。茶：音"注"，即北苍术。

【原文】

又东南一百里，曰江浮之山，其上多银、砥砺，无草木，其兽多豕鹿。

又东二百里，曰真陵之山，其上多黄金，其下多玉，其木多榖、柞、柳、杻，其草多荣草①。

【注释】

①荣草：即嘉荣、嘉荣草，或是蘘荷，或是野葫芦。

【原文】

又东南一百二十里，曰阳帝之山，多美铜①，其木多橿、杻、檿②、楮，其兽多麢、麝③。

【注释】

①美铜：可理解为质地优良的铜矿石。

②檿：音"掩"，袁珂校注云：山桑也；郭郭注证以为，此即柞树。

③麢：音"灵"，即麒麟。麝：香獐也。

【原文】

又南九十里，曰柴桑之山，其上多银，其下多碧，多泠石①、赭，其木多柳芑楮桑，其兽多麋鹿，多白蛇、飞蛇②。

【注释】

①泠石：即滑石也。
②飞蛇：郭璞注云："即螣蛇，乘雾而飞者。"郭郛注证释为飞蜥，即能飞的蜥蜴。

【原文】

又东二百三十里，曰荣余之山，其上多铜，其下多银，其木多柳芑，其虫①多怪蛇、怪虫。

【注释】

①虫：郝懿行注曰："《海外南经》云，南山人以虫为蛇。"

【原文】

凡洞庭山之首，自篇遇之山至于荣余之山，凡十五山，二千八百里。其神状皆鸟身而龙首。其祠：毛用一雄鸡、一牝豚刉①，糈用稌。凡夫夫之山、即公之山、尧山、阳帝之山皆冢也，其祠：皆肆瘗②，祈用酒，毛用少牢，婴毛③一吉玉。洞庭、荣余山，神也，其祠：皆肆瘗，祈酒，太牢祠，婴用圭璧十五，五采惠④之。

【注释】

①刉：音"基"，即割开、刺开之意也。
②肆瘗：郭璞注云："肆，陈之也，陈牲玉而后埋藏之。"
③婴毛：袁珂校注云："婴毛，或为婴用之误。"
④惠：郭璞注云："惠犹饰也。"郝懿行注云："惠义同藻绘之绘，装饰之意。"

【原文】

右中经之山志，大凡百九十七山，二万一千三百七十一里。大凡天下名山五千三百七十，居地，大凡六万四千五十六里。

禹曰：天下名山，经①五千三百七十山，六万四千五十六里，居地②也。言其《五臧》③，盖其余小山甚众，不足记云。天地之东西二万八千里，南北二万六千里，出水之山者八千里，受水者八千里，出铜之山四百六十七，出铁之山三千六百九十。此天地之所分壤树谷也，戈矛之所发也，刀铩④之所起也，能者有余，拙者不足。封于太山，禅于梁父，七十二家⑤，得失之数，皆在此内，是谓国用⑥。

右五臧山经五篇，大凡一万五千五百三字⑦。

【注释】

①经：郝懿行注云："经言禹所经过也。"
②居地：即居住的地方。
③《五臧》：郝懿行注云："臧，古字作臧，《汉书》云，山海天地之臧，

故此经称《五臧》。"

④铩：音"杀"，古兵器之一种，大矛也。

⑤封于太山，禅于梁父，七十二家：郭璞注曰："《管子·地数》云：封禅之王，七十二家也。"袁珂校注云："此为管仲封齐桓公之言，非禹言也。"

⑥按：毕沅云："自此天地之分壤树穀也已下，当是周秦人释语，旧本乱入经文。"郝懿行云："今案自禹曰已下，盖皆周人相传旧语，故《管子》援入《地数篇》，而校书者附着《五臧山经》之末。"

⑦郝懿行注云：今二万一千二百六十五字。

卷六　海外南经

【原文】

地之所载，六合之间①，四海之内，照之以日月，经之以星辰，纪之以四时②，要之以太岁③。神灵所生，其物异形，或夭或寿，唯圣人能通其道④。

【注释】

①六合：古人以东、西、南、北、上、下六方为六合。郭璞注云："四方上下为六合也。"

②四时：古人以春、夏、秋、冬四季为四时。

③要之以太岁：高诱注云："要，正也，以太岁所在，正天时也。"袁珂校注云："太岁有年太岁、月太岁、旬中太岁之别。年太岁亦名岁阴、太阴，亦曰青龙、天一，昔时所称以纪岁者。此所谓太岁，即年太岁。"太岁，又叫岁星，即木星。木星在黄道带里每年经过一宫，约十二年运

行一周天,所以古人用以纪年。

④通其道:洞悉其中的道理。郭璞注云:"言自非穷理尽性者,则不能原极其情状。"

【原文】

海外自西南陬①至东南陬者②。

【注释】

①陬:音"邹",表示方位。郭璞注云:"陬犹隅也,音'驺'。"

②按,袁珂校注云:《山海经·海外各经》以下文字,意皆是因图以为文,先有图画,后有文字,文字仅乃图画之说明。故郭璞注此,屡云"画似仙人也"(《海外南经》),"画亦似仙人也"(《海外南经》),"画四面各乘云车,驾二龙"(《海内北经》),"亦在畏兽画中"(《大荒北经》),等等;陶潜《读〈山海经〉》诗,亦有"流观山海图"之语,知本以图为主而以文字为辅。故此标题亦从图画之顺序而曰"海外自西南陬至东南陬者",或"海内东南陬以西者"(《海内南经》)。已下各篇均同此。

【原文】

结匈国①在其②西南,其为人结匈③。

【注释】

①结匈国:上古国名也;下同。据《淮南子·地形篇》,凡海外三十六国:自西北至西南方,有修股民、天民、肃慎民、白民、沃民、女子民、丈夫民、奇股民、一臂民、三身民;自西南至东南方,结胸民、

羽民、讙头国民、裸国民、三苗民、交股民、不死民、穿胸民、反舌民、豕喙民、凿齿民、三头民、修臂民；自东南至东北方，有大人国、君子国、黑齿民、玄股民、毛民、劳民；自东北至西北方，有跂踵民、句婴民、深目民、无肠民、柔利民、一目民、无继民。

②其：据袁珂校注云，此"其"字指邻近结匈国"海外自西南陬至西北陬"（《海外西经》）之灭蒙鸟；所谓"灭蒙鸟在结匈国北，为鸟青，赤尾"者是也。

③结匈：郭璞注云："臆前胅出，如人结喉也。"袁珂校注云："结匈，疑即今之所谓鸡胸。《史记·秦本纪》称'秦王为人……挚鸟膺'，或即此也。"

【原文】

南山在其东南。自此山来，虫为蛇，蛇号①为鱼。一曰南山在结匈东南。

【注释】

①号：称为。郭璞注云："以虫为蛇，以蛇为鱼。"

【原文】

比翼鸟在其东，其为鸟青、赤，两鸟比翼。一曰在南山东。

羽民国在其东南，其为人长头，身生羽①。一曰在比翼鸟东南，其为人长颊②。

交胫国在其东，其为人交胫。不死民在其东，其为人黑色，寿，不死。岐舌国在其东。三首国在其东，其为人一身三首。周饶国在其东，其为人短小，冠带。长臂国在其东，捕鱼水中，两手各操一鱼。

【注释】

① 郭璞释之云:"能飞不能远,卵生,画似仙人也。"
② 颊:音"荚",脸面也。

【原文】

有神人二八①,连臂,为帝②司夜于此野③。在羽民东。其为人小颊赤肩。尽十六人④。

【注释】

① 二八:即十六也。
② 帝:袁珂校注云:"帝,天帝。《山海经》中凡言帝,均指天帝,而天帝非一,此处应是黄帝。"
③ 司:掌管也。野:原野,平原也。
④ 尽十六人:郭璞释之云:"疑此后人所增益语耳。"毕沅注云:"郭说是也。此或秀释二八神之文。"

【原文】

毕方鸟①在其东,青水西,其为鸟人面,一脚。一曰在二八神东。

讙②头国在其南,其为人人面有翼,鸟喙,方捕鱼。一曰在毕方东。或曰讙朱国。

【注释】

① 毕方鸟:袁珂校注以为,此即今之所谓火老鸦也。

②讙：音"欢"。

【原文】

厌火国在其国南，兽身黑色，生①火出其口中②。一曰在讙朱东。

【注释】

①生：据袁珂校注云："此字实衍。"

②火出其口中：郭璞释之云："言能吐火，画似猕猴而黑色也。"

【原文】

三珠树在厌火北，生赤水上，其为树如柏，叶皆为珠。一曰其为树若彗①。

【注释】

①若彗：郭璞释之云："如彗星状。"

【原文】

三苗国①在赤水东，其为人相随②。一曰三毛国。

【注释】

①三苗国：郭璞注云："昔尧以天下让舜，三苗之君非之，帝杀之，有苗之民，叛入南海，为三苗国。"

②相随：袁珂校注云："即相随远徙南海之象也。"

【原文】

  韯①国在其东,其为人黄,能操弓射蛇。一曰韯国在三毛东。

  贯匈国在其东,其为人匈有窍②。一曰在韯国东。

【注释】

  ①韯:音"至"。

  ②匈:胸也;窍:孔洞也。

【原文】

  交胫国在其东,其为人交胫①。一曰在穿匈②东。

【注释】

  ①胫:小腿也。交胫:郭璞释之云:"言脚胫曲戾相交,所谓雕题、交趾者也。或作颈,其为人交颈而行也。"

  ②穿匈:即贯匈也。郝懿行注云:"此作穿匈者,穿、贯,音义同。"

【原文】

  不死①民在其东,其为人黑色,寿,不死。一曰在穿匈国东。

【注释】

  ①不死:袁珂校注以为,此乃古人心目中之仙乡乐土也。

【原文】

  岐舌①国在其东。一曰在不死民东。

【注释】

①岐舌：即舌头分叉也；颇类蛇信。岐：枝杈也，分叉也。

【原文】

昆仑虚①在其东，虚②四方。一曰在岐舌东，为虚四方。

【注释】

①虚：引申为山。
②虚：郭璞注云："山下基也。"

【原文】

羿①与凿齿②战于寿华③之野，羿射杀之。在昆仑虚东。羿持弓矢，凿齿持盾。一曰戈④。

【注释】

①羿：音"义"；据袁珂校注云，羿，古天神名，即《海内经》所记，"帝俊赐羿彤弓素矰，以扶下国，羿是始去恤下地之百艰"之羿，非夏代有穷后羿。
②凿齿：郭璞释之云："凿齿亦人也，齿如凿，长五六尺，因以名云。"
③寿华：高诱注之云，南方泽名。
④戈：据袁珂校注云，"戈"上正当有"持"字。

【原文】

三首国在其东，其为人一身三首。一曰在凿齿东。

周饶国在其东,其为人短小,冠带①。一曰焦侥②国在三首东。

【注释】

①冠带:戴着帽子,穿着衣服,引申为文明。

②侥:音"尧"。

【原文】

长臂国在其东,捕鱼水中,两手各操一鱼。一曰在焦侥东,捕鱼海中①。

【注释】

①毕沅释之曰:"云两手各操一鱼,云捕鱼海中,皆其图象也。"

【原文】

狄山①,帝尧葬于阳②,帝喾葬于阴③。爰有熊、罴、文虎、蜼④、豹、离朱⑤、视肉⑥。吁咽⑦、文王皆葬其所。一曰汤山。一曰爰有熊、罴、文虎、蜼、豹、离朱、鸱久⑧、视肉、虖交⑨。其范林⑩方三百里。

【注释】

①狄山:狄中之山也。

②阳:城阳也,旧县名,本作成阳,故城在今山东省濮县东南。亦可解作"狄山之阳"。

③阴:阴野。郭璞释之曰:"喾,尧父,号高辛,今冢在顿丘县城南台阴野中也。音'酷'。"亦可解作"狄山之阴"。

④蜼：音"唯"，即猕猴也。

⑤离朱：据袁珂校注，此当为日中踆乌，即三足乌。三足乌乃传说中的三足鸟。这种鸟在太阳里，与乌鸦相似，但长着三只足。

⑥视肉：传说中的一种怪兽，形状像牛肝，有两只眼睛，割去它的肉吃了后，不长时间就又重新生长出来，完好如故。郭璞释之云："聚肉，形如牛肝，有两目也；食之无尽，寻复更生如故。"《神异经》云："西北荒有遗酒追复脯焉，其味如麝，食一片复一片。"疑即此也。

⑦吁咽：袁珂校注云："吁咽与文王并列，疑当是人名。即岳山所葬之帝舜也。"

⑧鸱久：郭璞释之云："鸺鹠之属。"郝懿行注云："鸱当为鸺。"袁珂校注以为，此即鸺鹠也。

⑨虖：音"呼"，郝懿行注云："即吁咽也，吁、虖声相近。"袁珂校注云："咽、交则声相远，仍所未详也。"

⑩范林：形容树林繁盛之貌。郭璞注云："言林木泛滥布衍也。"郝懿行释之云："范林，《海内南经》作泛林，范、泛通。"

【原文】

南方祝融①，兽身人面，乘两龙。

【注释】

①祝融：郭璞注云："火神也。"

卷七　海外西经

【原文】

海外自西南陬至西北陬者①。

【注释】

①按，毕沅注曰："此经是说图之词，或右行则自西南至西北起三身国，或左行则自西北至西南起修股民。是汉时犹有《山海经图》，各依所见为说，故不同也。"

【原文】

灭蒙鸟①在结匈国北，为鸟青，赤尾。

【注释】

①灭蒙鸟：据袁珂校注云，即凤属之狂鸟、䴅鸟、鸣鸟、孟鸟之异名也。

【原文】

大运山高三百仞，在灭蒙鸟北。

大乐之野，夏后启于此儛九代①，乘两龙，云盖三层②。左手操翳③，右手操环④，佩玉璜⑤。在大运山北。一曰大遗之野⑥。

【注释】

①儛：同"舞"。九代：据袁珂校注，九代确当是乐名，非舞马之戏。

②三层：郭璞注云："层，犹重也。三，概数，多也；三层，即多重也。"

③翳：本意为羽毛做的华盖。郭璞释之曰："羽葆幢也。"《说文》云，"翳，翿也，所以舞也。"

④环：玉之上等者。《说文》云："环，璧也，肉好若一谓之环。"郭璞释之云："玉空边等为环。"

⑤璜：内孔较小的半璧。《说文》云："半璧曰璜。"

⑥大遗之野：一个名为大遗的平野。

【原文】

三身国在夏后启北，一首而三身。

一臂国在其北，一臂、一目、一鼻孔。有黄马虎文，一目而一手①。

【注释】

①手：即马前腿。郝懿行注云："手，马臂也。"

【原文】

奇肱①之国在其北，其人一臂三目，有阴有阳②，乘文马③。有鸟焉，两头，赤黄色，在其旁。

【注释】

①奇：音"几"。肱：音"工"。
②有阴有阳：郭璞注云："阴在上，阳在下。"
③文马：郭璞注云："文马即吉良也。"袁珂校注云："《海内北经》云，犬戎国有文马，缟身朱鬣，目若黄金，名曰吉量，乘之寿千岁。吉量即吉良也。"

【原文】

形天①与帝②至此争神，帝断其首，葬之常羊之山，乃以乳为目，以脐③为口，操干戚④以舞。

【注释】

①形天：即刑天。据袁珂校注，刑天，炎帝之臣，其斗志靡懈，死犹未已也。陶潜《读〈山海经〉》诗称，刑天舞干戚，猛志固常在。
②帝：袁珂校注云："此即黄帝也。"
③脐：音"齐"。
④干戚：郭璞注云："干，盾；戚，斧也：是为无首之民。"

丈夫国在维鸟北,其为人衣冠带剑。女丑之尸在丈夫北,巫咸国在女丑北,并封在巫咸东,其状如彘,前后皆有首,黑。女子国在巫咸北,两女子居,水周之。轩辕之国,人面蛇身,尾交首上。白民之国有乘黄,其状如狐,其背上有角。肃慎之国在白民北。有树名曰雄常,先入伐帝,于此取之。

【原文】

女祭、女戚①在其北，居两水间，戚操鱼䱇②，祭操俎③。

【注释】

①女祭、女戚：据袁珂校注，此当是女巫祀神之图象也。
②䱇：郭璞注云："鳝，鱼属。"郭郛注证以为，此即鳝鱼也。
③俎：音"祖"，用于切肉的案板也。郭璞注云："肉几。"

【原文】

鵸鸟、鶅鸟①，其色青黄，所经国亡。在女祭北。鵸鸟人面，居山上。一曰维鸟，青鸟、黄鸟所集。

【注释】

①鵸：音"次"，即青鸟，今之鸺鹠类。鶅：音"瞻"，即黄鸟，今之猛鸷类。

【原文】

丈夫国①在维鸟北，其为人衣冠带剑。

【注释】

①丈夫国：郭璞注云："殷帝太戊使王孟采药，从西王母至此，绝粮，不能进，食木实，衣木皮，终身无妻，而生二子，从形中出，其父即死，是为丈夫民。"

【原文】

女丑①之尸，生而十日炙杀之②。在丈夫北。以右手鄣其面③。十日居上，女丑居山之上。

【注释】

①女丑：依袁珂校注云，女丑疑即女巫也。

②十日炙杀之：天上十个太阳并出，女丑因炙热而死，故谓十日炙杀之。郝懿行注云："十日并出，炙杀女丑，于是尧乃命羿射杀九日也。"

③鄣：音"章"，掩盖之意。郭璞注云："蔽面。"

【原文】

巫咸国①在女丑北，右手操青蛇，左手操赤蛇，在登葆山，群巫所从上下也②。

【注释】

①巫咸国：袁珂校注引《大荒西经》云，"大荒之中，有山名曰丰沮玉门，日月所入。有灵山，巫咸、巫即、巫盼、巫彭、巫姑、巫真、巫礼、巫抵、巫谢、巫罗十巫，从此升降，百药爰在。则巫咸国者，乃一群巫师组织之国家也。《御览》卷七二一引《世本》宋注云，'巫咸，尧臣也，以鸿术为帝尧医。'是巫咸又尧时人也，诸说不同。"

②从上下：郭璞注云："采药往来。"袁珂校注云："细究之，群巫主要工作者，厥为下宣神旨，上达民情。登葆山盖天梯也，'群巫所从上下'者，'上下'于此天梯也。"

【原文】

并封①在巫咸东，其状如彘，前后皆有首，黑。

【注释】

①并封：即屏蓬。《大荒西经》云："有兽，左右有首，名曰屏蓬。"

【原文】

女子国在巫咸北，两女子居，水周①之。一曰居一门中②。

【注释】

①周：环绕也。郭璞释之云："有黄池，妇人入浴，出即怀妊矣。若生男子，三岁辄死。周犹绕也。《离骚》曰：水周于堂下也。"

②居一门中：郝懿行注云："居一门中，盖谓女国所居同一聚落也。"袁珂校注云："郝说非也。所谓'居一门中'者，亦图象如此，犹'两女子居，水周之'之为另一图象然。"

【原文】

轩辕之国①在此穷山之际，其不寿者八百岁。在女子国北。人面蛇身，尾交首上。

【注释】

①轩辕之国：袁珂校注云："《大荒西经》有言：有轩辕之国，江山之南栖为吉，不寿者乃八百岁。"

【原文】

穷山在其北，不敢西射，畏轩辕之丘①。在轩辕国北。其丘方，四蛇相绕②。

【注释】

①畏轩辕之丘：郭璞释之云："言敬畏黄帝威灵，故不敢向西而射也。"袁珂校注云："轩辕之丘在西王母所居玉山之西四百八十里，见《西次三经》。"

②相绕：郭璞注云："缭绕樛缠。"袁珂校注云："盖护卫此丘也。"

【原文】

此诸夭①之野，鸾鸟自歌，凤鸟自舞。凤皇卵，民食之；甘露②，民饮之，所欲自从③也。百兽相与群居。在四蛇北。其人两手操卵食之，两鸟居前导之。

【注释】

①夭：郝懿行注云，此乃沃字之衍。

②甘露：袁珂校注释之曰：《太平御览》卷十二引《瑞应图》云："甘露者，美露也；神露之精，仁瑞之泽，其凝如脂，其甘如饴，一名膏露，一名天酒。"

③所欲自从：郭璞释之曰："言滋味无所不有，所愿得自在，此谓天野也。"袁珂校注引《大荒西经》云："有沃之国，沃民是处，沃之野，凤鸟之卵是食，甘露是饮。凡其所欲，其味尽存。爰有甘华、甘柤、白柳、

视肉、三骓、璇瑰、瑶碧、白木、琅玕、白丹、青丹。多银铁。鸾鸟自歌，凤鸟自舞。爰有百兽，相群爰处。是谓沃之野。"

【原文】

龙鱼①陵居在其北，状如狸②。一曰鰕③。即有神圣乘此以行九野④。一曰鳖鱼，在夭野北，其为鱼也如鲤。

【注释】

① 龙鱼：袁珂校注云："疑即《海内北经》所记陵鱼，盖均神话传说中人鱼之类也。"

② 狸：郝懿行云："狸当为鲤，字之讹。"

③ 鰕：音"遐"，即四脚鱼。《尔雅》云："鲵大者谓之鰕。"

④ 九野：郭璞释之云："九域之野。九域，即九州也。"

【原文】

白民之国在龙鱼北，白身①被发。有乘黄②，其状如狐，其背上有角，乘之寿二千岁。

【注释】

① 白身：郭璞注云："言其人体洞白。"高诱注《淮南子》云："白民白身，民被发，发亦白。"

② 乘黄：即飞黄也，《淮南子》云："天下有道，飞黄伏皂。"又应劭注《汉书·礼乐志》"訾黄何不徕下"云："訾黄一名乘黄，龙翼而马身，黄帝乘之而仙。"郭郭注证以为，乘黄即今之双峰骆驼。存疑。

【原文】

肃慎之国①在白民北,有树名曰雄常②,先入伐③帝,于此取之④。

【注释】

①肃慎之国:《大荒北经》云:"大荒之中,有山名曰不咸。有肃慎氏之国。"

②雄常:即雒棠,木名也。

③伐:疑为代字之讹。

④于此取之:郭璞释之云:"其俗无衣服,中国有圣帝代立者,则此木生皮可衣也。"

【原文】

长股之国①在雄常北,被发。一曰长脚。

【注释】

①长股之国:《大荒西经》云:"西北海之外,赤水之东,有长胫之国。"袁珂校注云:"长胫国即长股国也。"

【原文】

西方蓐收①,左耳有蛇,乘两龙。

【注释】

①蓐收:郭璞注云:"金神也,人面、虎爪、白毛,执钺。"袁珂校注云:"此乃一刑戮之神,又或为司日入之神。"

卷八　海外北经

【原文】

海外自东北陬至西北陬者。

无綮①之国在长股东,为人无綮②。

【注释】

①綮:音"弃",袁珂校注以为,此或为"启"字之衍。

②綮:郭璞释之云:"綮,肥肠也。其人穴居,食土,无男女,死即埋之,其心不朽,死百廿岁乃复更生。"袁珂以为非。

【原文】

钟山之神,名曰烛阴①,视为昼,瞑为夜,吹为冬,呼为夏,不饮,不食,不息②,息③为风,身长千里。在无綮之东。其为物,人面,蛇身,赤色,居钟山下。

【注释】

①烛阴：郭璞释之云："烛龙也，是烛九阴，因名云。"袁珂校注曰："《大荒北经》云：西北海之外，赤水之北，有章尾山。有神，人面蛇身而赤，直目正乘。其瞑乃晦，其视乃明。不食，不寝，不息，风雨是谒。是烛九阴，是谓烛龙。"

②息：休息也。

③息：气息也。

【原文】

一目国①在其东，一目中其面而居。一曰有手足②。

【注释】

①一目国：袁珂校注引《大荒北经》云："有人一目，当面中生。一曰是威姓，少昊之子，食黍。即此。"

②有手足：三字疑衍。

【原文】

柔利国①在一目东，为人一手一足，反𠌯②，曲足居上③。一云留利之国，人足反折④。

【注释】

①柔利国：袁珂校注引《大荒北经》云："有牛黎之国。有人无骨，儋耳之子。即柔利国也，牛黎、柔利音皆相近，儋耳即聂耳也。"

②𠌯：音"西"，古膝字。

③曲足居上：郭璞释之云："一脚一手反卷曲也。"
④人足反折：郝懿行释之云："足反卷曲，有似折也。"

【原文】

共工①之臣曰相柳氏②，九首，以食于九山③。相柳之所抵④，厥为泽谿。禹杀相柳，其血腥，不可以树五⑤谷种。禹厥⑥之，三仞三沮⑦，乃以为众帝⑧之台⑨。在昆仑之北，柔利之东。相柳者，九首人面，蛇身而青。不敢北射，畏共工之台⑩。台在其东。台四方，隅有一蛇，虎色⑪，首冲⑫南方。

【注释】

①共工：乃古天神名，与颛顼争为帝者。《淮南子·天文篇》云："昔共工与颛顼争为帝，怒而触不周之山，天柱折，地维绝。天倾西北，故日月星辰移焉；地不满东南，故水潦尘埃归焉。"即此共工。

②相柳氏：袁珂校注释之曰："《大荒北经》云：共工臣名曰相繇，九首蛇身，自环，食于九土。其所歍所尼，即为源泽。不辛乃苦，百兽莫能处。禹湮洪水，杀相繇。其血腥臭，不可生谷，其地多水，不可居也。禹湮之，三仞三沮。乃以为池，群帝因是以为台。在昆仑之北。即此相柳也。"

③食于九山：郭璞释之云："头各自食一山之物，言贪暴难餍。"

④抵：触也。

⑤五：疑衍字也。

⑥厥：同"掘"。

⑦三仞三沮：郭璞释之云："掘塞之而土三沮陷，言其血膏浸润坏也。"
⑧众帝：袁珂校注云："众帝，指帝尧、帝喾等古帝。"
⑨众帝之台：郭璞释之云："言地润湿，唯可积土以为台观。"
⑩畏共工之台：袁珂校注释之云："射者畏共工之台，共工威灵，故不敢北射，犹《海外西经》云：穷山在其北，不敢西射，畏轩辕之丘。"
⑪虎色：郝懿行注云："虎文也。"
⑫冲：朝向也。郭璞释之云："冲，犹向也。"

【原文】

深目国①在其东，为人举一手一目②，在共工台东。

【注释】

①深目国：袁珂校注引《大荒北经》云："有人方食鱼，名曰深目之国，盼姓，食鱼。即此。"
②目：郭璞注云："一作曰。与下文连读，是也。"

【原文】

无肠之国在深目东，其为人长而无肠①。

【注释】

①长而无肠：郭璞释之云："为人长大，腹内无肠，所食之物直通过。"

【原文】

聂耳之国①在无肠国东，使两文虎②，为人两手聂其耳③。县④居海水中，及水所出入奇物。两虎在其东⑤。

【注释】

① 聂耳之国：袁珂校注引《大荒北经》云："有儋耳之国，任姓，禺号子，食谷。即此。"

② 文虎：即华南虎也，袁珂校注云："文虎，雕虎；已见《海外南经》郭璞注。"

③ 聂其耳：郭璞释之云："言耳长，行则以手摄持之也。"聂，摄也。

④ 县：同"悬"，言聂耳国所居乃孤悬海外之岛也。

⑤ 两虎：据袁珂校注云："两虎，即上文聂耳国所使两文虎；在其东，在聂耳国之东，盖图象如此。"

【原文】

夸父①与日逐走，入日②。渴欲得饮，饮于河渭；河渭不足，北饮大泽。未至，道渴而死。弃其杖，化为邓林③。

【注释】

① 夸父：上古神话传说之神人也。袁珂校注引《大荒北经》云："大荒之中，有山，名曰成都载天。有人珥两黄蛇，把两黄蛇，名曰夸父。后土生信，信生夸父，夸父不量力，欲追日景，逮之于禺谷。将饮河而不足也，将走大泽，未至，死于此。即此一神话之异文。"

② 入日：郭璞释之云："言及日于将入也。"

③ 邓林：毕沅释之云："邓林即桃林也，邓、桃音相近。"

【原文】

夸父国在聂耳东，其为人大，右手操青蛇，左手操黄蛇。邓林在其东，二树木。一曰博父①。

【注释】

①博父：据袁珂校注，博父国当即夸父国，此处博父亦当作夸父。

【原文】

禹所积石之山①。在其东，河水所入。

【注释】

①禹所积石之山：一座名叫禹所积石的山峦。据袁珂校注，"《山海经》中，积石之山有二：一曰积石，一曰禹所积石。《大荒北经》云：'大荒之中，有山名曰先槛大逢之山，河济所入，海北注焉，其西有山，名曰禹所积石。'即此禹所积石山也，其方位在北。《西次三经》云：积石之山，其下有石门，河水冒以西流。《海内西经》云：'河水出东北隅，以行其北，西南又入勃海，又出海外，即西而北，入禹所导积石山。'即积石之山也，其方位在西。郝懿行注此经以《大荒北经》禹所积石即此禹所积石、以《西次三经》积石之山为非固是矣，而以《海内西经》禹所导积石为此经禹所积石，则不知何所据也。"

【原文】

拘缨之国在其东，一手把缨①。一曰利缨之国。

【注释】

①把缨：郭璞释之云："言其人常以一手持冠缨也。或曰缨宜作瘿。"袁珂校注云："缨正宜作瘿。瘿，瘤也，多生于颈，其大者如悬瓠，有碍行动，故须以手拘之，此拘瘿之国之得名也。作拘缨者，同音通假，实亦拘瘿，非如郭注所云'常以一手持冠缨'也。"

【原文】

寻木①长千里，在拘缨南，生河上西北。

【注释】

①寻木：大树也。

【原文】

跂踵国在拘缨东，其为人大，两足亦大。一曰大踵。

欧丝之野在大踵东，一女子跪据树欧丝①。

【注释】

①跪据树欧丝：郭璞释之云："言噉桑而吐丝，盖蚕类也。"欧，《说文》云："吐也。"

【原文】

三桑无枝①，在欧丝东，其木长百仞，无枝。

北方禺彊，人面鸟身，珥两青蛇，践两青蛇。

【注释】

①三桑无枝：袁珂校注以为，《大荒北经》云，"有三桑无枝。"《北次二经》云，"洹山，三桑生之，其树皆无枝，其高百仞。"即此。此无枝之三桑，当即跪据树欧丝女子之所食也。

【原文】

范林方三百里，在三桑东，洲环①其下。

【注释】

①洲：水中可居者。环，绕也。

【原文】

务隅之山①，帝颛顼葬于阳，九嫔②葬于阴。一曰爰有熊、罴、文虎、离朱、鸱久、视肉。

【注释】

①务隅之山：袁珂校注以为，《海内东经》云，"汉水出鲋鱼之山，帝颛顼葬于阳，九嫔葬于阴，四蛇卫之。"《大荒北经》云，"附禺之山，帝颛顼与九嫔葬焉。"即此务隅，皆声近字通也。

②嫔：音"贫"，皇帝之侍妃。郭璞释之云："嫔，妇。"

【原文】

平丘在三桑东，爰有遗玉①、青鸟②、视肉、杨柳、甘柤③、甘华④，百果所生，有两山夹上谷，二大丘居中，名曰平丘。

【注释】

①遗玉：郭璞注云："遗玉，玉石。"

②青鸟：据袁珂校注，当作青马。

③甘柤：郭璞释之云："其树枝干皆赤，黄华，白叶，黑实。"袁珂引《大荒南经》云："有盖犹之山者，其上有甘柤，枝干皆赤，黄叶，白华，黑实。"柤，音"扎"。

④甘华：郭璞释之云："亦赤枝干，黄华。"袁珂引《大荒南经》云："（盖犹之山）东又有甘华，枝干皆赤，黄叶。则黄华当作黄叶。"

【原文】

北海内有兽，其状如马，名曰騊駼①。有兽焉，其名曰駮，状如白马，锯牙，食虎豹。有素②兽焉，状如马，名曰蛩蛩。有青兽焉，状如虎，名曰罗罗。

【注释】

①騊駼：音"陶图"，野马之属也。

②素：表示颜色也。

【原文】

北方禺彊①，人面鸟身，珥②两青蛇，践③两青蛇。

【注释】

①禺彊：北海海神也。郭璞释之云："字玄冥，水神也。庄周曰：禺

疆立于北极。一曰禺京。"袁珂引《大荒北经》云:"有神,人面鸟身,珥两青蛇,践两赤蛇,名曰禺彊。"

②珥:古代之珠玉耳饰,此处用作动词,意谓挂戴。

③践:踏也。

卷九　海外东经

【原文】

海外自东南陬至东北陬者。䃬①丘,爰有遗玉、青马、视肉、杨柳、甘柤、甘华,百果所生。在东海,两山夹丘,上有树木。一曰嗟丘,一曰百果所在,在尧葬②东。

【注释】

①䃬:郭璞释之云:"音'嗟',或作发。"《广韵》作𥕢丘。
②尧葬:即尧帝所归葬的地方,即狄山之阳,见《海外南经》。

【原文】

大人国①在其北,为人大,坐而削船②。一曰在䃬丘北。

【注释】

①大人国:袁珂校注引《大荒东经》云:"东海之外,大荒之中,有

山名曰大言,日月所出。有波谷山者,有大人之国。有大人之市,名曰大人之堂。有一大人踆其上,张其两臂。即此大人国也。"

②削船:划船也。削,同"稍",郝懿行注云:"削当读若稍,削船谓操舟也。"

【原文】

奢比之尸①在其北,兽身、人面、大耳,珥两青蛇。一曰肝榆之尸在大人北。

【注释】

①奢比:郭璞注云:"亦神名也。"袁珂校注引郝懿行注曰:《管子·五行篇》云:"黄帝得奢龙而辩于东方。"又云:"奢龙辩乎东方,故使为土师。"此经奢比在东海外,疑即是也。《大荒东经》云,"有神,人面、犬耳、兽身,珥两青蛇,名曰奢比尸。"即此也。

【原文】

君子国①在其北,衣冠带剑,食兽,使二大虎在旁,其人好让不争。有熏华草,朝生夕死。一曰在肝榆之尸北。

【注释】

①君子国:《大荒东经》有云:"有东口之山,有君子之国,其人衣冠带剑。"即此。

东方句芒，鸟身人面，乘两龙。

【原文】

虹虹①在其北,各有两首。一曰在君子国北。

【注释】

①虹:郭璞注云:"音'虹'。"袁珂校注云:"即虹字之别写。"

【原文】

朝阳之谷,神曰天吴,是为水伯。在虹虹北两水间。其为兽也,八首人面,八足八尾,皆青黄。

青丘①国在其北,其人食五谷,衣丝帛。其狐四足九尾。一曰在朝阳北。

【注释】

①青丘:《南山经》云:"青丘之山,有兽焉,其状如狐而九尾,其音如婴儿,能食人,食者不蛊。"即此也。青丘之山亦即青丘国之山也。

【原文】

帝命竖亥①步,自东极至于西极,五亿十选②九千八百步。竖亥右手把算③,左手指青丘北。一曰禹令竖亥。一曰五亿十万九千八百步。

【注释】

①竖亥:上古善于奔跑的人。郭璞释之云:"竖亥,健行人。"
②选:郭璞注云:"万也。"

③把：拿着；算：算筹。

【原文】

黑齿国①在其北，为人黑②，食稻啖③蛇，一赤一青，在其旁。一曰：在竖亥北，为人黑首，食稻使蛇，其一蛇赤。

【注释】

①黑齿国：《大荒东经》云："有黑齿之国。帝俊生黑齿，姜姓，黍食，使四鸟。"即此也。

②为人黑：据袁珂校注，黑字前少一齿字。

③啖：音"蛋"，吃也。

【原文】

下有汤谷①。汤谷上有扶桑②，十日③所浴，在黑齿北。居水中，有大木，九日居下枝，一日居上枝。

【注释】

①汤谷：郭璞注云："谷中水热也。"或作旸谷。

②扶桑：据袁珂校注，经文扶桑当作扶木；扶木者，盖神木也。又名若木。

③十日：帝俊之子也。袁珂校注引《大荒南经》云："东南海之外，甘水之间，有羲和之国。有女子名曰羲和，方浴日于甘渊。羲和者，帝俊之妻，生十日。"即此十日。

【原文】

雨师妾①在其北，其为人黑，两手各操一蛇，左耳有青蛇，右耳有赤蛇。一曰在十日北，为人黑身人面，各操一龟。

【注释】

①雨师妾：据袁珂校注，此乃一国名耳。

【原文】

玄股之国①在其北，其为人股黑，衣鱼②食䴅③，使两鸟夹之。一曰在雨师妾北。

【注释】

①玄股之国：《大荒东经》云："有招摇山，融水出焉。有国曰玄股，黍食，使四鸟。"即此。

②衣鱼：以鱼皮为衣也。

③䴅：郭璞释之云："水鸟也。音'忧'。"杨慎注云："即鸥，衣鱼食鸥，盖水中国也。"

【原文】

毛民之国①在其北，为人身生毛②。一曰在玄股北。

【注释】

①毛民之国：《大荒北经》云："有毛民之国，依姓，食黍，使四鸟。禹生均国，均国生役采，役采生修鞈，修鞈杀绰人。帝念之，潜为之国，

是此毛民。"

②身生毛：身体上长有长毛，即身体体毛浓密。

【原文】

劳民国在其北，其为人黑，食草果实。有一鸟两头。或曰教民。一曰在毛民北，为人面目手足尽黑。

东方句芒①，鸟身人面，乘两龙。

【注释】

①句芒：音"勾忙"，郭璞注云："木神也，方面素服。"《墨子》曰："昔秦穆公有明德，上帝使句芒赐之寿十九年。"高诱注《吕氏春秋·孟春纪》云："句芒，少皞氏之裔子曰重，佐木德之帝，死为木官之神。"或即此句芒也。

【原文】

建平元年①四月丙戌，待诏太常属臣望②；校治，侍中光禄勋臣龚③、侍中奉车都尉光禄大夫臣秀④领主省⑤。

【注释】

①建平元年：袁珂注：即公元前六年。

②太常：官名也。望：吴任臣以为乃是丁望。丁望，西汉末年大臣，官至光禄勋、左将军。

③侍中、光禄勋：皆官名也。龚：西汉王龚。

④奉车都尉：官职也。秀，西汉刘歆也。

⑤领：担任。省：校审也。

卷十　海内南经

【原文】

海内东南陬以西者。

瓯①居海中。闽②在海中，其西北有山。一曰闽中山在海中。

【注释】

①瓯：音"欧"，即东瓯国，大体位置在今浙江地区，汉武帝时被汉军夷灭。

②闽：闽越也，《汉书·惠帝纪》云，"二年，立闽越君摇为东海王。"颜师古注云，"即今泉州是其地。"袁珂校注云，泉州即今福州也。

【原文】

三天子鄣山①在闽西海北。一曰在海中。

【注释】

①三天子鄣山：郭璞注云："张氏《土地记》曰：东阳永康县南四里有石城山，上有小石城，云黄帝曾游此，即三天子都也。今在新安歙县东，今谓之三王山，浙江出其边也。"《海内东经》云："浙江出三天子都，在蛮东，在闽西北，入海，余暨南。又云，庐江出三天子都，入彭泽西。一曰天子鄣。"《海内经》云："南海之内，有山名三天子之都。"即此。鄣：音"章"。

【原文】

桂林八树①在番隅东。

【注释】

①桂林八树：由八棵桂树形成的树林。郭璞释之云："八树而成林，信其大也。"

【原文】

伯虑国、离耳国①、雕题国、北朐②国皆在郁水南。郁水出湘陵南海。一曰相虑。

【注释】

①离耳国：郭璞释之云："锼离其耳，分令下垂以为饰，即儋耳也。在朱崖海渚中。不食五谷，但噉蚌及诸芋也。"

②朐：音"渠"。

【原文】

枭阳国在北朐之西，其为人人面长唇，黑身有毛，反踵，见人笑亦笑；左手操管。

兕在舜葬东，湘水南，其状如牛，苍黑，一角。

苍梧之山①，帝舜葬于阳，帝丹朱②葬于阴。

【注释】

①苍梧之山：郭璞注云："即九嶷山也。"《礼记》亦曰："舜葬苍梧之野。"《海内经》云："南方苍梧之丘，苍梧之渊，其中有九嶷山，舜之所葬，在长沙零陵界中。"即此也。

②丹朱：帝尧之子，不肖，不得为帝。此处以丹朱为帝，盖以献帝谥山阳公之义也。

【原文】

氾林方三百里，在狌狌①东。

狌狌知人名②，其为兽如豕而人面，在舜葬西。

【注释】

①狌狌：即猩猩。《海内经》云："有青兽，人面，名曰狌狌。"即此。

②狌狌知人名：袁珂校注释之曰："《后汉书·西南夷传》云，哀牢出猩猩。"李贤注引《南中志》云："猩猩在此谷中，行无常路，百数为群。土人以酒若糟，设于路。又喜屩子，土人织草为屩，数十量相连结。猩猩在山谷，见酒及屩，知其设张者，即知张者先祖名字。乃呼其名而骂云：

巴蛇食象，三岁而出其骨。其为蛇青黄赤黑。一曰黑蛇青首。

奴欲张我！舍之而去。去而又还，相呼试共尝酒。初尝少许，又取屐子着之。若进两三升，便大醉。人出收之，屐子相连不得去，执还内牢中。人欲取者，到牢边语云：猩猩汝可自相推肥者出之。竟相对而泣。此所谓狌狌知人名也。"

【原文】

狌狌西北有犀牛，其状如牛而黑。

夏后启之臣曰孟涂，是司神于巴①，人请讼于孟涂之所②，其衣有血者乃执之③，是请生④。居山上，在丹山西。丹山在丹阳南，丹阳居属⑤也。

【注释】

①司神：郭璞释之云："听其狱讼，为之神主。"于巴：在巴地也。
②请讼于孟涂之所：郭璞释之云："令断之也。"
③有血者乃执之：郭璞释之云："不直者则血见于衣。"
④请生：郭璞注云："言好生也。"
⑤居属：即孟涂所居住的地方。

【原文】

窫窳①龙首，居弱水中，在狌狌知人名②之西，其状如貙龙首，食人③。

【注释】

①窫窳："亚宇"二音，上古传说中一种食人怪兽；郭璞注云："窫窳，

本蛇身人面，为贰负臣所杀，复化而成此物也。"《海内西经》云："贰负之臣曰危，危与贰负杀窫窳，帝乃梏之疏属之山，桎其右足，反缚两手，系之山上木。在开题西北。"又云，"开明东有巫彭、巫抵、巫阳、巫履、巫凡、巫相，夹窫窳之尸，皆操不死之药以距之。窫窳者，蛇身人面，贰负臣所杀也。"

②知人名：王念孙释之云，"知人名三字疑衍。"

③食人：《北山经》云："少咸之山有兽焉，其状如牛而赤身，人面马足，名曰窫窳，其音如婴儿，是食人。"

【原文】

有木①，其状如牛，引之有皮，若缨、黄蛇②。其叶如罗③，其实如栾④，其木若蓲⑤，其名曰建木⑥。在窫窳西弱水⑦上。

【注释】

①木：郭璞释之云："《河图玉版》说，芝草树生，或如车马，或如龙蛇之状，亦此类也。"

②若缨、黄蛇：郭璞释之云："言牵之皮剥如人冠缨及黄蛇状也。"

③罗：网罗也，即罗网；又，杨慎一名罗，则如罗确切何意，犹存疑。

④栾：《大荒南经》云："大荒之中，有云雨之山，有木名曰栾。禹攻云雨，有赤石焉生栾。黄本，赤枝，青叶，群帝焉取药。"郭璞注云："栾，木名，黄本，赤枝，青叶，生云雨山；或作卵，或作麻，音'銮'。"

⑤蓲：音"沤"，郝懿行注云："蓲，刺榆也。"

⑥建木：郭璞释之云："建木青叶，紫茎，黑华，黄实，其下声无响，立无影也。"袁珂校注释曰："《海内经》云，南海之内，黑水青水之闲，

有九丘,以水络之,名曰陶唐之丘、有叔得之丘、孟盈之丘、昆吾之丘、黑白之丘、赤望之丘、参卫之丘、武夫之丘、神民之丘。有木,青叶,紫茎,玄华,黄实,名曰建木,百仞无枝。上有九欘,下有九枸。其实如麻,其叶如芒。大皞爰过,黄帝所为。是郭注之所本。建木盖天梯也。"

⑦弱水:袁珂校注引《古小说钩沈》辑《玄中记》云,"天下之弱者,有昆仑之弱水焉,鸿毛不能起也。弱水之名弱者以此。"

【原文】

氐人国①在建木西,其为人人面而鱼身,无足②。

【注释】

①氐人国:《大荒西经》云:"有互人之国。炎帝之孙,名曰灵恝,灵恝生互人,是能上下于天。"郝懿行注之曰:"互人国即《海内南经》氐人国,氐、互二字,盖以形近而讹,以俗氐正作互字也。"

②无足:郭璞注云:"尽胸以上人,胸以下鱼也。"袁珂校注云:"氐人国民盖神话中人鱼之类也。"

【原文】

巴蛇食象①,三岁而出其骨,君子服之,无心腹之疾。其为蛇青黄赤黑②。一曰黑蛇青首③,在犀牛西。

【注释】

①巴蛇食象:郭璞释之云:"今南方蚺蛇吞鹿,鹿已烂,自绞于树腹中,骨皆穿鳞甲间出,此其类也。"

②青黄赤黑：袁珂校注云："言其文采斑烂也。"

③黑蛇青首：《海内经》云："有巴遂山，渑水出焉。又有朱卷之国。有黑蛇，青首，食象。"即此。《水经注·叶榆河》云："山多大蛇，名曰髯蛇，长十丈，围七八尺，常在树上伺鹿兽，鹿兽过，便低头绕之。有顷鹿死，先濡令湿讫，便吞，头角骨皆钻皮出。山夷始见蛇不动时，便以大竹签签蛇头至尾，杀而食之，以为珍异。"即郭注所谓蚺蛇也。

【原文】

旄马①，其状如马，四节有毛。在巴蛇西北，高山南。

匈奴、开题之国、列人之国并在西北。

【注释】

①旄马：郭璞注云："天子所谓豪马者。"旄，音"毛"。

卷十一　海内西经

【原文】

海内西南陬以北者。

贰负①之臣曰危，危与贰负杀窫窳。帝②乃梏之疏属之山③，桎④其右足，反缚两手与发⑤，系之山上木。在开题⑥西北。

【注释】

①贰负：古天神也，人面蛇身。《海内北经》云："贰负神在其（鬼国）东，为物人面蛇身。"

②帝：天帝，据袁珂校注，此处乃是指黄帝也。

③梏：音"故"，捆缚也。疏属山：在今陕西延安府绥德县。

④桎：音"至"，《说文》云："桎，足械也。"

⑤与发：据袁珂校注云，此二字实在衍字。

⑥开题：毕沅注云："开题疑即筓头山也，音皆相近。"袁珂校注云：

"开题、笄头（鸡头）、崆峒，均一音之转也。"

【原文】

大泽①方百里，群鸟所生及所解②。在雁门北。

【注释】

①大泽：据袁珂校注，此处大泽，实《海内北经》所记"舜妻登比氏，生宵明烛光，处河大泽，二女之灵，能照此所方百里"之百里大泽，位在北方，或即今河套附近之地。

②所生及所解：郭璞释之云，"百鸟于此生乳，解之毛羽。"袁珂校注云："'解之毛羽'，不成文义，宋本、《藏经》本作'解蜕毛羽'，是也。"

【原文】

雁门山，雁出其间。在高柳①北。

【注释】

①高柳：即高柳山，在今山西代州北三十五里。

【原文】

高柳在代①北。

【注释】

①代：代地也，在今山西境内。

【原文】

后稷之葬①，山水环之。在氐国②西。

【注释】

①后稷之葬：《海内经》云："西南黑水之间，有都广之野，后稷葬焉。其城方三百里，盖天地之中，素女所出也。爰有膏菽、膏稻、膏黍、膏稷，百谷自生，冬夏播琴。鸾鸟自歌，凤鸟自舞，灵寿实华，草木所聚。爰有百兽，相群爰处。此草也，冬夏不死。"

②氐国：即氐人国也，在建木西。见《海内南经》。

【原文】

流黄酆氏之国①，中②方三百里。有涂③四方，中有山④。在后稷葬西。

【注释】

①流黄酆氏之国：据《海内经》，"有国名流黄辛氏，其域中方三百里，其出是尘。有巴遂山，绳水出焉。"

②中：域中也，即一国国境之内也。

③涂：道路。郭璞释之云："涂，道。"

④山：袁珂校注云："即《海内经》所谓巴遂山也。"

【原文】

流沙①出钟山，西行又南行昆仑之虚②，西南入海，黑水之山。

【注释】

①流沙：流动的沙丘。王逸注云："沙流而行也。"《水经注》云："流沙，沙与水流行也。"沈括《梦溪笔谈》云："沙随风流，谓之流沙。"

②虚：即"墟"。

【原文】

东胡①在大泽东。

【注释】

①东胡：国名也，在今东北地区。

【原文】

夷人在东胡东。

貊国①在汉水东北。地近于燕，灭之②。

【注释】

①貊国：郭璞注云："今扶余国即灭貊故地，在长城北，去玄菟千里，出名马、赤玉、貂皮、大珠如酸枣也。"貊，音"末"。

②灭之：被燕国所灭。郝懿行注曰："《大雅·韩奕篇》云，其追其貊。"谓此。

【原文】

孟鸟①在貊国东北，其鸟文赤、黄、青，东乡②。

开明西有凤皇、鸾鸟。服常树,其上有三头人。开明南有树鸟,六首。

【注释】

①孟鸟：郭璞注云："亦鸟名也。"郝懿行注云："《海外西经》有'灭蒙鸟在结匈国北'，疑亦此鸟也，灭蒙之声近孟。"袁珂亦以为是。

②东乡：面向东方。乡，同"向"。

【原文】

海内昆仑之虚①，在西北，帝之下都②。昆仑之虚，方八百里，高万仞。上有木禾③，长五寻，大五围。面有九井，以玉为槛④。面有九门，门有开明兽守之，百神之所在。在八隅之岩⑤，赤水之际，非仁羿莫能上冈之岩⑥。

【注释】

①虚：山也。《说文》释之云："虚，大丘也，昆仑丘谓之昆仑虚。"

②帝之下都：郭璞释之云："天帝都邑之在下者。"

③木禾：郭璞注云："木禾，谷类也，生黑水之阿，可食，见《穆天子传》。"袁珂校注引《穆天子传》云："黑水之阿，爰有野麦，爰有荅堇，西膜之所谓木禾。"

④槛：栏杆也。

⑤在八隅之岩：郭璞释之云："在岩间也。"袁珂校注云："谓百神居处昆仑八隅岩穴之间。"

⑥非仁羿莫能上冈之岩：郭璞释之云："言非仁人及有才艺如羿者不能得登此山之冈岭巉岩也。羿尝请药西王母，亦言其得道也。羿一或作圣。"袁珂校注记述了有关羿之神话。《淮南子·览冥篇》云："羿请不死

之药于西王母,姮娥窃以奔月,怅然有丧,无以续之。"高诱注云:"姮娥,羿妻;羿请不死之药于西王母,未及服之,姮娥盗食之,得仙,奔入月中为月精也。"

【原文】

赤水出东南隅,以行其东北,西南流注南海厌火东。

河水出东北隅,以行其北,西南又入渤海,又出海外,即西而北,入禹所导积石山①。

【注释】

①积石山:袁珂校注云:"此积石山盖即《西次三经》所云'积石之山,其下有石门,河水冒以西流'之积石山也。"

【原文】

洋水①、黑水②出西北隅,以东,东行,又东北,南入海,羽民南。

【注释】

①洋水:袁珂校注云:"《书·禹贡》云:'嶓冢导漾,东流为汉。'"即此洋水也。

②黑水:袁珂注曰:"《书·禹贡》云:'黑水西河惟雍州。'"又云:"导黑水至于三危,入于南海。"即此。

【原文】

弱水、青水出西南隅,以东,又北,又西南,过毕方鸟东。

昆仑南渊①深三百仞。开明兽②身大类虎而九首，皆人面，东向立昆仑上。

【注释】

①昆仑南渊：《海内北经》云："昆仑虚南所，有泛林方三百里。从极之渊，深三百仞，维冰夷恒都焉。"即此也。

②开明兽：袁珂校注云："开明兽即《西次三经》神陆吾也。"

【原文】

开明西有凤皇、鸾鸟，皆戴蛇践蛇，膺有赤蛇。

开明北有视肉、珠树①、文玉树②、玗琪树③、不死树④。凤皇、鸾鸟皆戴瞂⑤。又有离朱、木禾、柏树、甘水⑥、圣木曼兑⑦，一曰挺木牙交。

【注释】

①珠树：袁珂校注曰：《海外南经》云："三珠树生赤水上。"疑即此。

②文玉树：郭璞释之云："五彩玉树。"

③玗琪树：郭璞云："玗琪，赤玉属也。吴天玺元年，临海郡吏伍曜在海水际得石树，高二尺余，茎叶紫色，诘曲倾靡，有光彩，即玉树之类也。'于其'两音。"

④不死树：郭注《海外南经》云："员邱山上有不死树，食之乃寿。"

⑤瞂：音"伐"，盾牌也。

⑥甘水：郭璞注云，"即醴泉也。"《史记·大宛传》云："《禹本纪》

言昆仑上有醴泉。"

⑦圣木曼兑：袁珂校注云："圣木曼兑，当是一物，曼兑应即圣木之名也。"

【原文】

开明东有巫彭、巫抵、巫阳、巫履、巫凡、巫相①，夹窫窳之尸，皆操不死之药以距之②。窫窳者，蛇身人面，贰负臣所杀也。

【注释】

①诸巫：郭璞释之云："皆神医也。"袁珂校注云："细按之，毋宁曰，皆神巫也。此诸巫无非神之臂佐，其职任为上下于天、宣达神旨人情，至于采药疗死，特其余技耳。"

②距：同"拒"，摒除死气也。郭璞释之云："为距却死气，求更生。"

【原文】

服常树，其上有三头人①，伺琅玕树②。

【注释】

①三头人：郝懿行释之曰："《海外南经》云：三首国一身三首。亦此类也。"

②琅玕树：袁珂以为，琅玕即琼枝之子似珠者也。

【原文】

开明南有树鸟，六首；蛟、蝮①、蛇、蜼②、豹、鸟秩树，于表池树木③；诵鸟、鹖④、视肉。

【注释】

① 蝮：大蛇也。

② 蜼：猿猴也。

③ 于表池树木：郭璞释之云："言列树以表池，即华池也。"

④ 鹖：音"笋"。郭璞注云：雕也。

卷十二　海内北经

【原文】

海内西北陬以东者。

蛇巫之山,上有人操杯①而东向立。一曰龟山。

【注释】

①杯:同"杯"。

【原文】

西王母梯①几而戴胜杖②,其南有三青鸟③,为西王母取食。在昆仑虚北。

【注释】

①梯:凭依,依靠。郭璞注云:"梯谓冯也。"
②戴胜:头戴饰物。胜,妇人之头饰也。杜甫《人日》云:"胜里金

据比之尸，其为人折颈被发，无一手。环狗，其为人兽首人身。袜，其为物人身、黑首、从目。戎，其为人人首三角。林氏国有珍兽，大若虎，五采毕具，尾长于身，名曰驺吾。

花巧耐寒。"杖：衍字也。

③三青鸟：袁珂校注释之曰："《西次三经》云，三危之山，三青鸟居之。是山也，广员百里。《大荒西经》云，有西王母之山，有三青鸟，赤首黑目，一名曰大鵹，一名曰少鵹，一名曰青鸟。从其居地及其形貌可以想见：此三青鸟者，非婉转依人之小鸟，乃多力善飞之猛禽也。"

【原文】

有人曰大行伯，把戈①。其东有犬封国②。贰负之尸③在大行伯东。

【注释】

①把戈：手拿着矛戈。

②犬封国：郭璞释之云："昔盘瓠杀戎王，高辛以美女妻之，不可以训，乃浮之会稽东海中，得三百里地封之，生男为狗，女为美人，是为狗封之国也。"

③贰负之尸：袁珂校注曰："《海内西经》云，贰负之臣曰危，危与贰负杀窫窳，帝乃梏之疏属之山，桎其右足，反缚两手，系之山上木。帝之处罚似仅及危，未及贰负。此言贰负之尸，《山海经》所谓尸者，大都遭杀戮以后之景象，则并贰负亦受刑矣。"

【原文】

犬封国曰犬戎国①，状如犬。有一女子，方跪进杯食②。有文马③，缟④身朱鬣，目若黄金，名曰吉量，乘之寿千岁。

【注释】

①犬戎国：郭璞释之云："黄帝之后卞明生白犬二头，自相牝牡，遂为此国，言狗国也。"

②跪进柸食：跪着呈上酒食。

③文马：《周书》曰："犬戎文马，赤鬣白身，目若黄金，名曰吉黄之乘。"据袁珂校注云，《说文》曰，"马赤鬣缟身，目若黄金，名曰䮳，吉皇之乘，周文王时犬戎献之。"

④缟：音"搞"，白色也。

【原文】

鬼国①在贰负之尸北，为物人面而一目。一曰贰负神在其东，为物人面蛇身。

【注释】

①鬼国：据袁珂校注，此即一目国，已见《海外北经》。《大荒北经》亦云："有人一目，当面中生。一曰是威姓，少昊之子，食黍。"即此国也。

【原文】

蜪犬①。如犬，青，食人从首始。

【注释】

①蜪犬：袁珂校注引《说文》云："北方有蜪犬，食人。"即此。蜪，音"桃"，郭璞释之云："音'陶'。或作蚼，音'钩'。"

【原文】

穷奇①状如虎,有翼,食人从首始,所食被发,在蜪犬北。一曰从足。

【注释】

①穷奇:《西次四经》云:"邽山,其上有兽焉,其状如牛,蝟毛,名曰穷奇,音如嗥狗,是食人。"即此也。

【原文】

帝尧台、帝喾台、帝丹朱台、帝舜台,各二台①,台四方,在昆仑东北。

【注释】

①各二台:据袁珂校注,此"昆仑东北"帝尧、帝喾、帝丹朱、帝舜之台,实《海外北经》(亦见《大荒北经》)所记"昆仑之北""众帝之台",乃禹杀相柳所筑台以厌妖邪者也,尧、喾、丹朱、舜等即所谓"众帝"。

【原文】

大蜂,其状如螽①。朱蛾,其状如蛾②。

【注释】

①螽:音"中",昆虫也。
②蛾:郭璞注云:"蛾,蚍蜉也。"《楚辞》云:"玄蜂如壶,赤蛾如象。"谓此也。

【原文】

蛟①,其为人虎文,胫有綮②。在穷奇东。一曰,状如人。昆仑虚北所有③。

【注释】

①蛟:今音"矫",《广韵》注云:"野人身有兽文。"
②胫有綮:郭璞注云:"言脚有膊肠也。"胫,小腿也。
③昆仑虚北所有:意谓以上事物均在昆仑虚北也。

【原文】

阘①非,人面而兽身,青色。

【注释】

①阘:音"榻"。

【原文】

据比①之尸,其为人折颈被发,无一手②。

【注释】

①据比:袁珂校注以为,据比即诸比也;诸比,高诱注《淮南子》云,天神也。
②折颈被发,无一手:袁珂校注云:"盖亦神国内讧,战斗不胜,惨遭杀戮之象。"

【原文】

环狗①,其为人兽首人身。一曰猬状如狗,黄色。

【注释】

①环狗:袁珂校注云:"观其形状,盖亦犬戎、狗封之类。"

【原文】

袜①,其为物人身、黑首、从目②。

戎,其为人人首三角。

【注释】

①袜:郭璞注云:"即魅也。"《玉篇》云:"袜即鬼魅也。"

②从目:竖眼睛。从,纵也。

【原文】

林氏国①有珍兽,大若虎,五采毕具,尾长于身,名曰驺吾②。乘之日行千里。

昆仑虚南所,有氾林方三百里。

【注释】

①林氏国:郝懿行注曰:《周书·史记篇》云,"昔有林氏召离戎之君而朝之。"又云,"林氏与上衡氏争权,俱身死国亡。"即此国也。

②驺吾:据袁珂校注,驺吾,即驺虞。《尚书大传》云:"散宜生之于陵氏取怪兽,大不辟虎狼闲,尾倍其身,名曰虞。"是此驺虞也。《淮南

子·道应篇》云："散宜生乃以千金求天下之珍怪，得骐虞、鸡斯之乘、玄玉百工、大贝百朋、玄豹黄黑、青犴白虎、文皮千合，以献于纣。"首列骐虞，其贵可知矣。骐，音"邹"。

【原文】

从极之渊深三百仞，维冰夷①恒都焉。冰夷人面，乘两龙。一曰忠极之渊。

【注释】

①冰夷：郭璞注云："冯夷也。"《淮南》云："冯夷得道，以潜大川。"即河伯也。司马彪释《庄子·大宗师》云：《清泠传》曰："冯夷，华阴潼乡堤首人也，服八石，得水仙，是为河伯。"袁珂校注释之曰："冯夷即河洛之神也。"

【原文】

阳汙之山，河出其中；凌门之山，河出其中。

王子夜之尸①，两手、两股、胷②、首、齿，皆断异处。

【注释】

①王子夜之尸：据袁珂校注，日本小川琢治《穆天子传地名考》谓"夜"即"亥"之形讹，疑是。若果如此，则此节亦王亥故事之片段，即《大荒东经》郭璞注引古本《竹书纪年》所谓"殷王子亥宾于有易而淫焉、有易之君绵臣杀而放之"，王亥惨遭杀戮以后之景象也。

②胷：即胸也。

【原文】

舜妻登比氏生宵明、烛光①,处河大泽②,二女之灵能照此所方百里。一曰登北氏。

【注释】

①宵明、烛光:舜之二女之名也。郭璞注云:"即二女字也,以能光照,因名云。"

②泽:郭璞注云:"河边溢漫处。"

【原文】

盖国①在钜燕南,倭北。倭②属燕。

【注释】

①盖国:郝懿行注曰:"《三国志·魏志·东夷传》云,东沃沮在高句丽盖马大山之东。"李贤注之云:"盖马,县名,属玄菟郡。"盖马疑本盖国地。

②倭:倭国也。《三国志·魏志·东夷传》云:"倭国在带方东大海内,以女为主,其俗露纷,衣服无针功,以丹朱涂身,不妒忌,一男子数十妇也。"

【原文】

朝鲜①在列阳东,海北山南。列阳属燕。

【注释】

①朝鲜：古朝鲜国也，西汉时为武帝所并，设玄菟、乐浪等四郡。

【原文】

列姑射①在海河州中。

【注释】

①列姑射：郭璞注云："山名也。山有神人。河州在海中，河水所经者。《庄子》所谓藐姑射之山也。"袁珂校注曰："《东次二经》云，姑射之山，无草木，多水。又南水行三百里，流沙百里，曰北姑射之山，无草木，多石。又南三百里，曰南姑射之山，无草木，多水。即此，所谓列姑射也。"射，音"夜"。

【原文】

射姑国①在海中，属列姑射，西南，山环之②。

【注释】

①射姑国：当作"姑射国"。

②山环之：郝懿行释之云："山环西南，海据东北也。"

【原文】

大蟹①在海中。

【注释】

①大蟹：袁珂校注曰："《大荒东经》云，女丑有大蟹。"郭注："广千

雷泽中有雷神，龙首而人头，鼓其腹。

里也。"即此大蟹也。《玄中记》云,"天下之大物,北海之蟹,举一螯能加于山,身故在水中。"《御览》卷九四二引《岭南异物志》云,"尝有行海得洲渚,林木甚茂。乃维舟登岸,爨于水傍。半炊而林没于水。遽斩其缆,乃得去。详视之,大蟹也。"

【原文】

陵鱼①人面,手足,鱼身,在海中。

【注释】

①陵鱼:即人鱼也。袁珂引《海外西经》云,"龙鱼陵居在其(沃野)北。"即此鱼也。

【原文】

大鯾①居海中。

【注释】

①鯾:音"便",鲂鱼也。

【原文】

明组邑①居海中。

【注释】

①明组邑:郝懿行释之云:"明组邑盖海中聚落之名,今未详。"

【原文】

蓬莱山①在海中。

【注释】

①蓬莱山：郭璞释之云："上有仙人宫室，皆以金玉为之，鸟兽尽白，望之如云，在渤海中也。"《史记·封禅书》云："蓬莱、方丈、瀛洲，此三神山者，其传在渤海中，诸仙人及不死之药皆在焉。其物禽兽尽白，而黄金银为宫阙，未至，望之如云。"

【原文】

大人之市①在海中。

【注释】

①大人之市：袁珂引《大荒东经》云："东海之外，大荒之中，有山名曰大言，日月所出。有波谷山者，有大人之国。有大人之市，名曰大人之堂。有一大人踆其上，张其两臂。"即此。

卷十三　海内东经

【原文】

海内东北陬以南者。

钜燕在东北陬①。

【注释】

①据袁珂校注，此下当接《海内北经》"盖国在钜燕南"以下十节文字。

【原文】

国在流沙中者埻端①、玺唤②，在昆仑虚东南。一曰海内之郡，不为郡县，在流沙中③。

【注释】

①埻端：古国名也。埻，今音"准"；郭璞注云："埻音'敦'。"

② 玺䐵：古国名也。䐵，郭璞注云："音'唤'。"
③ 袁珂校注云，此下三节俱当移在《海内西经》"流沙出钟山"节后。

【原文】

国在流沙外者，大夏①、竖沙②、居繇③、月支④之国。

【注释】

① 大夏：郭璞注云："大夏国城方二三百里，分为数十国，地和温，宜五谷。"《史记·大宛传》云："大夏在大宛西南二千余里，妫水南。其俗土著有城屋，与大宛同俗。无大王长，往往城邑置小长。"
② 竖沙：郝懿行释之曰："《说文》（十二）云，古者宿沙初作煮海盐。宿沙盖国名，宿、竖声相近，疑即竖沙也。《三国志》注引《魏略》作坚沙国。"袁珂校注曰："宿沙，炎帝臣，其煮海盐当在古齐地，与竖沙东西地望绝不相侔，郝说非也。"
③ 繇：音"遥"。据袁珂校注云，《三国志·魏志·乌丸鲜卑东夷传》注引《魏略》作属繇国。
④ 月支：郭璞注云："月支国多好马、美果，有大尾羊如驴尾，即羬羊也。小月支、天竺国皆附庸云。"

【原文】

西胡白玉山①在大夏东，苍梧在白玉山西南，皆在流沙西，昆仑虚东南。昆仑山在西胡西，皆在西北。

【注释】

①白玉山：郝懿行释之曰："《三国志》注引《魏略》云：'大秦西有海水，海水西有河水，河水西南北行有大山，西有赤水，赤水西有白玉山，白玉山西有西王母。'今案大山盖即昆仑也，白玉山、西王母皆国名。"

【原文】

雷泽中有雷神①，龙身而人头，鼓其腹。在吴西。

【注释】

①雷神：《大荒东经》云："东海中有流波山，入海七千里。其上有兽，状如牛，苍身而无角，一足，出入水则必风雨。其光如日月，其声如雷，其名曰夔。黄帝得之，以其皮为鼓，橛以雷兽之骨，声闻五百里，以威天下。"郭璞注之曰："雷兽，即雷神也，人面龙身鼓其腹者；犹系也。"即此雷神也。

【原文】

都州在海中。一曰郁州。

琅邪台在渤海间，琅邪之东。其北有山。一曰在海间。

韩雁①在海中，都州南。

【注释】

①韩雁：郝懿行注云："韩雁盖三韩古国名。韩有三种，见《魏志·东夷传》。"《魏志·东夷传》云：韩有三种，一曰马韩，二曰辰韩，三曰弁韩。

【原文】

始鸠①在海中，辕厉②南。

【注释】

①始鸠：国名也。

②辕厉：毕沅释之云："辕厉即韩鴈也，辕、韩音相近，鴈、厉字相似。"郝懿行释之云："辕厉疑即韩鴈之讹也；辕、韩，鴈、厉并字形相近。"

【原文】

会稽山在大楚①南。

【注释】

①楚：据吴承志《山海经地理今释》云，楚当作越，传写讹误。《越绝书·记越地传》云，"禹忧民救水，到大越，上茅山大会计，更名茅山曰会稽。"即本此经。

卷十四　大荒东经

【原文】

东海之外大壑①，少昊②之国。少昊孺③帝颛顼于此，弃其琴瑟④。有甘山者，甘水出焉，生甘渊⑤。

【注释】

①大壑：袁珂校注引《列子·汤问篇》云："勃海之东，不知其几亿万里，有大壑焉，实惟无底之谷，其下无底，名曰归墟。八纮九野之水，天汉之流，莫不注之，而无增减焉。"即此壑也。

②少昊：郭璞注云："少昊金天氏，帝挚之号也。"袁珂引《西次三经》云："长留之山，其神白帝少昊居之。其兽皆文首，其鸟皆文尾，是多文玉石。实惟员神磈氏之宫。是神也，主司反景。是少昊之神职也。"

③孺：郝懿行注曰，"《说文》云：孺，乳子也。"《庄子·天运篇》云："乌鹊孺。"盖育养之义也。

④弃其琴瑟：郝懿行注云："此言少皞孺养帝颛顼于此，以琴瑟为戏

弄之具而留遗于此也。……少皞即颛顼之世父,颛顼是其犹子,世父就国,犹子随侍,眷彼幼童,娱以琴瑟,蒙养攸基,此事理之平,无足异者。"

⑤生甘渊:郭璞注云:"水积则成渊也。"袁珂校注曰:"《大荒南经》云:'东南海之外,甘水之闲,有羲和之国,有女子名曰羲和,方浴日于甘渊。羲和者,帝俊之妻,生十日。'此经甘渊实当即《大荒南经》羲和浴日之甘渊,其地乃汤谷扶桑也。《海外东经》云:'汤谷上有扶桑,十日所浴。'即此,亦即少昊鸟国建都之地。……所谓甘渊、汤谷(扶桑)、穷桑,盖一地也。"

【原文】

大荒东南隅有山,名皮母地丘。

东海之外,大荒之中,有山名曰大言,日月所出。

有波谷山者,有大人之国。有大人之市,名曰大人之堂。有一大人踆①其上,张其两臂。

【注释】

①踆:同"蹲"。

【原文】

有小人国,名靖人①。

【注释】

①靖人:郭璞释之云:"《诗含神雾》曰:东北极有人长九寸。殆谓此小人也。或作竫,音同。"

【原文】

有神，人面兽身，名曰犁䰢之尸①。

【注释】

①犁䰢之尸：袁珂校注云："犁䰢之尸盖即奢比之尸之类也。"䰢，音"灵"。郝懿行释之云："《玉篇》云：䰢同䨩，又作灵，神也；或作䰢。䨩，龙也。"

【原文】

有潏①山，杨水出焉。

【注释】

①潏：音"绝"。

【原文】

有蒍国①，黍食②，使四鸟③：虎、豹、熊、罴。

【注释】

①蒍国：据袁珂校注云，蒍国或当作妫国。《史记·陈世家》云："舜为庶人，尧妻之二女，居于妫汭，后因为氏。妫国当即是舜之裔也。"蒍，音"伟"，水名，舜之居地也。

②黍食：郭璞释之云："言此国中惟有黍谷也。"

③使四鸟：郝懿行释之云："经言皆兽，而云使四鸟者，鸟兽通名耳。使者，谓能驯扰役使之也。"

【原文】

大荒之中，有山名曰合虚，日月所出。

有中容之国。帝俊①生中容，中容人食兽、木实②，使四鸟：豹、虎、熊、罴。

有东口之山。有君子之国，其人衣冠带剑。

【注释】

①帝俊：即舜帝也。

②木实：郭璞释之云："此国中有赤木玄木，其华实美；见《吕氏春秋》。"袁珂引高诱注《吕氏春秋·本味篇》"指姑之东，中容之国，有赤木玄木之叶焉"云："赤木玄木，其叶皆可食，食之而仙也。"

【原文】

有司幽之国。帝俊生晏龙①，晏龙生司幽，司幽生思士，不妻；思女，不夫。食黍，食兽，是使四鸟②。

【注释】

①晏龙：据袁珂校注，《海内经》云："帝俊生晏龙，晏龙是为琴瑟。"即此晏龙也。

②四鸟：郝懿行释之云："四鸟亦当为虎、豹、熊、罴，此篇言使四鸟多矣，其义并同。"

【原文】

有大阿之山者。

大荒中有山名曰明星，日月所出。

有白民之国。帝俊生帝鸿，帝鸿生白民，白民销姓，黍食，使四鸟：虎、豹、熊、罴。

有青丘之国，有狐，九尾。

有柔仆民，是维嬴土之国。

有黑齿之国。帝俊生黑齿①，姜姓，黍食，使四鸟。

【注释】

①生黑齿：郭璞释之云："圣人神化无方，故其后世所降育，多有殊类异状之人，诸言生者，多谓其苗裔，未必是亲所产。"

【原文】

有夏州之国。有盖余之国。

有神人，八首人面，虎身十尾，名曰天吴。

大荒之中，有山名曰鞠陵于天、东极、离瞀①，日月所出。名曰折丹②——东方曰折，来风曰俊③——处东极以出入风④。

【注释】

①瞀：音"貌"。

②折丹：郭璞释之云，"神人。"袁珂引郝懿行注云："名曰折丹上疑

脱有神二字。"

③来风曰俊：吴任臣云："《夏小正》云：'正月，时有俊风。'俊风，春月之风也，春令主东方，意或取此。"袁珂校注云，《山海经》记有四方神与四方风之名并四方神之职守，此其一也。除此而外，尚见于《大荒南经》："有神名曰因因乎——南方曰因乎，来风曰乎民——处南极以出入风"；《大荒西经》："有人名曰石夷——西方曰夷，来风曰韦——处西北隅，以司日月之长短"；《大荒东经》云："有人名曰鹓——北方曰鹓，来风曰狁——是处东北隅以止日月"；并此东方之神折丹而为四也。

④出入风：郭璞释之云："言此人能节宣风气。时其出入。"

【原文】

东海之渚①中，有神，人面鸟身，珥两黄蛇，践两黄蛇，名曰禺虢②。黄帝生禺虢，禺虢生禺京③，禺京处北海，禺虢处东海，是为海神。

【注释】

①渚：水中小洲也。

②虢：音"昊"。

③禺京：郭璞注云："即禺疆也。"郝懿行云："禺疆，北方神，已见《海外北经》。"

【原文】

有招摇山，融水出焉。有国曰玄股，黍食，使四鸟。

有困民国①，勾姓而②食。有人曰王亥，两手操鸟，方食其头。

大荒东北隅中，有山名曰凶犁土丘。应龙处南极，杀蚩尤与夸父，不得复上，故下数旱。旱而为应龙之状，乃得大雨。

王亥托于有易、河伯仆牛③。有易杀王亥，取仆④牛。河念有易⑤，有易潜出⑥，为国于兽，方食之，名曰摇民。帝舜生戏，戏生摇民⑦。

【注释】

①困民国：据袁珂校注，困民国即因民国也；亦嬴民、摇民国也；因、嬴、摇一声之转也。

②而：据袁珂校注，或当为"黍"字。

③据袁珂校注，此句当言王亥托寄其所驯养之牛羊于有易与河伯。

④仆：朴也，大也。

⑤河念有易：据袁珂校注，经文"河念有易"，王念孙于"河"下校增"伯"字，是也。

⑥有易潜出：郭璞释之云："言有易本与河伯友善，上甲微殷之贤王，假师以义伐罪，故河伯不得不助灭之。既而哀念有易，使得潜化而出，化为摇民国。"

⑦戏：据袁珂校注，此言摇民除有易所化之一系而外，复有一系是由帝舜之裔戏所生。此乃摇民传说之异闻，故附记于此。其实有易即戏也，易、戏声近，易化摇民即戏生摇民也。

【原文】

海内有两人①，名曰女丑。女丑有大蟹②。

【注释】

①据袁珂校注，经文"海内有两人，名曰女丑"之间，文字当有阙脱，未可强为解释。

②大蟹：此即《海内北经》之大蟹也。

【原文】

　　大荒之中，有山名曰孽摇頵羝①，上有扶木②，柱③三百里，其叶如芥。有谷曰温源谷④。汤谷上有扶木。一日方至，一日方出，皆载于乌⑤。

【注释】

①頵羝：音"君低"。
②扶木：郝懿行释之云："扶木当为榑木。"
③柱：郭璞注云："柱犹起高也。叶似芥菜。"
④温源谷：郭璞注云："温源即汤谷也。"
⑤乌：即三足乌。

【原文】

　　有神，人面、犬耳①、兽身，珥两青蛇，名曰奢比尸。

【注释】

①犬耳：当作大耳也。

【原文】

　　有五采之鸟，相乡弃沙①。惟帝俊下友②。帝下两坛，采鸟是司。

【注释】

①弃沙：郝懿行释之云："沙疑与娑同，鸟羽娑娑然也。"袁珂校注云：

"弃疑是嫛字之讹。嫛娑,婆娑,盘旋而舞之貌也。五采之鸟,盖鸾凤之属也。"

②下友:据袁珂校注,言惟帝俊下与五采鸟为友也。帝俊之神,本为玄鸟,玄鸟再经神话之夸张,遂为凤凰、鸾鸟之属。

【原文】

大荒之中,有山名曰猗天苏门,日月所生。有埙①民之国。

【注释】

①埙:音"熏"。

【原文】

有綦①山。又有摇山。有䁖②山。又有门户山。又有盛山。又有待山。有五采之鸟。

【注释】

①綦:郭璞云:音"忌"。今音"其"。
②䁖:郭璞注云:音如釜甑之"甑"。

【原文】

东荒之中,有山名曰壑明俊疾,日月所出。有中容之国。

东北海外,又有三青马、三骓①、甘华。爰有遗玉、三青鸟、三骓、视肉、甘华、甘柤,百谷所在。

【注释】

① 三青马、三骓：皆马名也。

【原文】

有女和月母之国。有人名曰鹓①——北方曰鹓，来风曰猍——是处东北隅以止日月，使无相间出没，司其短长②。

【注释】

① 鹓：郭璞注云：音"婉"。今音"员"。

② 司其短长：郭璞注云："言鹓主察日月出入，不令得相间错，知景之短长。"

【原文】

大荒东北隅中，有山名曰凶犁土丘①。应龙②处南极，杀蚩尤与夸父③，不得复上④。故下数旱⑤，旱而为应龙之状，乃得大雨。

【注释】

① 凶犁土丘：郝懿行引《史记·五帝纪》索隐引皇甫谧云："黄帝使应龙杀蚩尤于凶黎之谷。"即此。黎、犁古字通。

② 应龙：郭璞注云："龙有翼者也。"

③ 杀蚩尤与夸父：袁珂校注云："应龙杀蚩尤与夸父者，盖夸父与蚩尤同为炎帝之裔，在黄炎斗争中，蚩尤起兵为炎帝复仇，夸父亦加入蚩尤战团，以兵败而被杀也。"

④复上：郭璞注云："应龙遂住地下。"

⑤数旱：郭璞释之云："上无复作雨者故也。"

【原文】

东海中有流波山，入海七千里。其上有兽，状如牛，苍身而无角，一足，出入水则必风雨，其光如日月，其声如雷，其名曰夔①。黄帝得之，以其皮为鼓，橛以雷兽之骨②，声闻五百里，以威天下。

【注释】

①夔：音"葵"。《说文》云："夔，神魖也，如龙，一足，从夊，象有角手人面之形。"薛综注《文选·东京赋》云："夔，木石之怪，如龙，有角，鳞甲光如日月，见则其邑大旱。"韦昭注《国语》(《鲁语》)云："夔一足，越人谓之山缲。"袁珂校注云："此三说夔形状俱与此经异也。"《庄子·秋水篇》释文引李云："黄帝在位，诸侯于东海流山得奇兽，其状如牛，苍色无角，一足能走，出入水即风雨，目光如日月，其音如雷，名曰夔。黄帝杀之，取皮以冒鼓，声闻五百里。"盖本此经为说也。

②橛以雷兽之骨：郭璞注云："雷兽即雷神也，人面龙身，鼓其腹者。橛犹击也。"袁珂校注引《绎史》卷五引《黄帝内传》云："黄帝伐蚩尤，玄女为帝制夔牛鼓八十面，一震五百里，连震三千八百里。"即其事也。

卷十五　大荒南经

【原文】

南海之外，赤水之西，流沙之东，有兽，左右有首①，名曰跊踢②。有三青兽相并，名曰双双③。

【注释】

①左右有首：即并封兽也。

②跊踢：郭璞注云："出狄名国。'黜惕'两音。"袁珂校注云："跊踢当为述荡之误。"高诱注《吕氏春秋·本味篇》"肉之美者，述荡之击"曰："兽名，形则未闻。"即是此也。

③双双：袁珂校注云："双双之兽（或鸟），亦并封之类也。"

【原文】

有阿山者。南海之中，有氾天之山，赤水穷焉。爰有文贝①、离俞②、鸱久③、鹰、贾④、委维⑤、熊、罴、象、虎、豹、狼、视肉。

南海渚中，有神，人面，珥两青蛇，践两赤蛇，曰不廷胡余。有宋山者，有人方齿虎尾，名曰祖状之尸。有小人，名曰焦侥之国。大荒之中，有人名曰驩头。鸟喙，有翼，方捕鱼于海。有驩头之国。

【注释】

①文贝：郭璞注云："即紫贝也。"袁珂按：《尔雅·释鱼》郭璞注云："今之紫贝，以紫为质，黑为文点。"即此。

②离俞：郭璞释之云："即离朱。"

③鸀久：郭璞注云："即鸺鹠也。"

④贾：乌鸟类。

⑤委维：郭璞注云："即委蛇也。"袁珂引《海内经》云："南方有人曰苗民。有神焉，人面蛇身，长如辕，左右有首，衣紫衣，冠旃冠，名曰延维。人主得而飨食之，伯天下。"郭璞注"延维"曰"委蛇"，是延维亦即此委维也。"

【原文】

有荣山，荣水出焉。黑水之南，有玄蛇，食麈①。

有巫山者，西有黄鸟。帝药，八斋②。黄鸟于巫山，司此玄蛇③。

【注释】

①麈：音"诸"，大鹿也。

②帝药，八斋：郭璞注云："天帝神仙药在此也。"袁珂校注曰："此经下文云：'大荒之中，有云雨之山，有木名曰栾。禹攻云雨，有赤石焉生栾，黄本、赤枝、青叶，群帝焉取药。'《大荒西经》云：'大荒之中，有灵山，巫咸、巫即、巫盼、巫彭、巫姑、巫真、巫礼、巫抵、巫谢、巫罗十巫，从此升降，百药爰在。'疑云雨山与灵山均即巫山之异名。而二地均有神药，此巫山'帝药、八斋'之说所由起也。郭注'神仙药'者，

当即是神仙不死药也。"

③司此玄蛇：郭璞释之云："言主之也。"袁珂校注云："或谓黄鸟司察此'食麈'之贪婪玄蛇，防其窃食天帝神药也。"

【原文】

大荒之中，有不庭之山，荣水穷焉。有人三身，帝俊妻娥皇，生此三身之国。姚姓，黍食，使四鸟。有渊四方，四隅皆达①，北属黑水，南属②大荒。北旁名曰少和之渊，南旁名曰从渊，舜之所浴③也。

【注释】

①达：郭璞释之云："言渊四角皆旁通也。"

②属：郭璞注云："属犹连也。"

③舜之所浴：郭璞注云："言舜尝在此中澡浴也。"

【原文】

又有成山，甘水穷焉。有季禺之国，颛顼之子，食黍。有羽民之国，其民皆生毛羽。有卵民之国，其民皆生卵。

大荒之中，有不姜之山，黑水穷焉。又有贾山，汔①水出焉。又有言山。又有登备之山②。有恝恝③之山。又有蒲山，澧④水出焉。又有隗⑤山，其西有丹⑥，其东有玉。又南有山，漂水出焉。有尾山。有翠山。

【注释】

① 沰：音"弃"。
② 登备之山：郭璞注云："即登葆山，群巫所从上下者也。"
③ 挟：今音"夹"。
④ 澧：音"礼"。
⑤ 隗：音"葵"。
⑥ 丹：即丹腹也，丹青石之类也。

【原文】

有盈民之国，于姓，黍食。又有人方食木叶①。

【注释】

① 食木叶：郝懿行引高诱注《吕氏春秋·本味篇》云："赤木玄木，其叶皆可食，食之而仙也。"

【原文】

有不死之国，阿姓，甘木①是食。

【注释】

① 甘木：郭璞注云："甘木即不死树，食之不老。按，不死树在昆仑山上，详载《海内西经》。"

【原文】

大荒之中，有山名曰去痓①。南极果，北不成，去痓果。

【注释】

①痓：音"至"。

【原文】

南海渚中，有神，人面，珥两青蛇，践两赤蛇，曰不廷胡余。

有神名曰因因乎，南方曰因乎，夸风曰乎民①，处南极以出入风②。

【注释】

①夸风：据袁珂校注，此句疑当作"有神名曰因乎，南方曰因，来风曰民"，夸风则来风之讹也。

②出入风：郝懿行释之云："《大荒东经》有神名曰折丹，处东极以出入风，此神处南极以出入风，二神处巽位以调八风之气也。"

【原文】

有襄山。又有重阴之山。有人食兽，曰季釐。帝俊生季釐，故曰季釐之国。有缗①渊。少昊生倍伐，倍伐降处缗渊。有水四方，名曰俊坛②。

【注释】

①缗：音"民"。

②俊坛：郭璞释之云："水状似土坛，因名舜坛也。"

【原文】

有载①民之国。帝舜生无淫，降载处，是谓巫载民。巫载民朌②姓，食谷，不绩不经，服③也；不稼不穑，食④也。爰有歌舞之鸟，鸾鸟自歌，凤鸟自舞。爰有百兽，相群爰处。百谷所聚⑤。

【注释】

① 载：音"至"。
② 朌：音"坟"。
③ 服：郭璞释之云："言自然有布帛也。"
④ 食：郭璞释之云："言五谷自生也。种之为稼，收之为穑。"
⑤ 百谷所聚：袁珂校注云："载民国盖即《大荒西经》沃民国之类也，言其丰盛饶沃，故曰不绩不经，不稼不穑：盖神之裔，得天独厚也。"

【原文】

大荒之中，有山名曰融天，海水南入焉。

有人曰凿齿，羿杀之。

有蜮①山者，有蜮民之国，桑姓，食黍，射蜮②是食。有人方扞③弓射黄蛇，名曰蜮人。

【注释】

① 蜮：音"玉"。
② 蜮：郭璞释之云："蜮，短狐也；似鳖，含沙射人，中之则病死。

此山出之,亦以名云。"《说文》云:"蜮,短狐也,似鳖,三足,以气射害人。"《五行志》云:"蜮在水旁,能射人,射人有处,甚者至死,南方谓之短狐。"《博物志·异虫》云:"江南山溪中,水射工虫,甲类也,长一二寸,口中有弩形,气射人影,随所著处发疮,不治则杀人。"袁珂注云:蜮民,乃"射蜮是食",则亦除害之异人也。

③扞:音"乌",高诱注《吕氏春秋·壅塞篇》"扞弓而射之"云:扞,引也。《玉篇》云:"扞,持也。"

【原文】

有宋山者,有赤蛇,名曰育蛇。有木生山上,名曰枫木。枫木,蚩尤所弃其桎梏,是为枫木。

有人方齿虎尾,名曰祖状之尸。

有小人,名曰焦侥之国,几姓,嘉谷是食。

大荒之中,有山名歹涂①之山,青水穷焉。有云雨之山,有木名曰栾。禹攻②云雨,有赤石焉生栾③,黄本,赤枝,青叶,群帝焉取药④。

【注释】

①歹:郭璞注云:"音'朽'。"郝懿行注云:"歹、朽古字同,歹、丑声相近,歹涂即丑涂也。"

②攻:郭璞释之云:"攻谓槎伐其林木。"

③生栾:郭璞释之云:"言山有精灵,复变生此木于赤石之上。"郝懿行引《初学记》云:"黑鲲鱼千尺,如鲸,常飞往南海。或死,骨肉皆消,

唯胆如石上仙桀也。"

④取药：郭璞释之云："言树花实皆为神药。"

【原文】

有国曰颛顼，生伯服①，食黍。有鼬②姓之国。有苕山。又有宗山。又有姓山。又有壑山。又有陈州山。又有东州山。又有白水山，白水出焉，而生白渊，昆吾③之师所浴也。

【注释】

①生伯服：袁珂校注云："疑经文当作'有国曰伯服，颛顼生伯服'，脱伯服二字。"

②鼬：音"右"。

③昆吾：据袁珂校注，古天神也。《世本·帝系篇》云："陆终娶于鬼方氏之妹，谓之女嬇，是生六子，孕三年而不育。剖其左胁，获三人焉；剖其右胁，获三人焉。其一曰樊，是为昆吾；其二曰惠连，是为参胡，其三曰籛铿，是为彭祖；其四曰求言，是为郐人；其五曰安，是为曹姓；其六曰季连，是为芈姓。"据此则昆吾亦古神性之英雄也。

【原文】

有人曰张弘，在海上捕鱼。海中有张弘之国①，食鱼，使四鸟。

【注释】

①张弘之国：据袁珂校注，或为长臂国也。

【原文】

有人焉，鸟喙，有翼，方捕鱼于海。

大荒之中，有人名曰驩头。鲧妻士敬，士敬子曰炎融，生驩头。驩头人面鸟喙，有翼，食海中鱼，杖翼而行①。维宜芑苣②，穋③杨是食。有驩头之国。

【注释】

①杖翼而行：郭璞释之云："翅不可以飞，倚杖之用行而已。"

②芑：音"弃"，禾黍类也。苣：音"具"，黑黍也。

③穋：音"路"，后种先熟之谷类。

【原文】

帝尧、帝喾、帝舜葬于岳山①。爰有文贝、离俞、鸱久、鹰、贾、延维、视肉、熊、罴、虎、豹；朱木、赤枝、青华、玄实②。有申山者。

【注释】

①岳山：即狄山也。

②玄实：袁珂校注引《大荒西经》云："有盖山之国。有树，赤皮支干，青叶，名曰朱木。"即此也。

【原文】

大荒之中，有山名曰天台高山，海水入焉①。

【注释】

①海水入焉：据袁珂校注，此处当作海水南入焉。

【原文】

东南海之外，甘水之间，有羲和之国。有女子名曰羲和，方日浴①于甘渊。羲和②者，帝俊之妻，生十日③。

【注释】

①日浴：据袁珂校注，当作浴日也。

②羲和：郭璞释之云："羲和盖天地始生，主日月者也。故《启筮》曰：'空桑之苍苍，八极之既张，乃有夫羲和，是主日月，职出入，以为晦明。'又曰：'瞻彼上天，一明一晦，有夫羲和之子，出于旸谷。'故尧因此而立羲和之官，以主四时，其后世遂为此国。作日月之象而掌之，沐浴运转之于甘水中，以效其出入旸谷虞渊也，所谓世不失职耳。"

③十日：郭璞释之云："言生十子各以日名名之，故言生十日，数十也。"

【原文】

有盖犹之山者，其上有甘柤，枝干皆赤，黄叶，白华，黑实。东又有甘华，枝干皆赤，黄叶。有青马。有赤马，名曰三骓。有视肉。

有小人名曰菌人①。

【注释】

①菌人：郝懿行注云："菌人盖靖人类也，已见《大荒东经》。"袁珂校注云："《太平广记》卷四二八引《博物志》逸文云：西北荒中有小人，长一寸，其君朱衣元冠，乘骆车马，引为威仪居处。人遇其车，抵而食之，其味辛，终年不为物所咋，并识万物名字。又杀腹中三虫，三虫死，便可食仙药也。"或即菌人之类也。

【原文】

有南类之山，爰有遗玉、青马、三骓、视肉、甘华，百谷所在①。

【注释】

①百谷所在：袁珂校注云："即《海外北经》平丘、《海外东经》嗟丘之类，盖古神人所居之地也。"

卷十六　大荒西经

【原文】

西北海之外，大荒之隅，有山而不合，名曰不周负子，有两黄兽守之。有水曰寒暑之水。水西有湿山，水东有幕山。有禹攻共工国山①。

【注释】

①攻共工国山：郭璞释之云："言攻其国，杀其臣相柳于此山。"

【原文】

有国名曰淑士，颛顼之子①。

【注释】

①子：子裔也。

【原文】

有神十人，名曰女娲之肠①，化为神，处栗广之野②，横道③而处。

【注释】

①女娲：郭璞释之云："女娲，古神女而帝者，人面蛇身，一日中七十变，其腹化为此神。"

②栗广：野名。

③横道：郭璞注云："言断道也。"

【原文】

有人名曰石夷——西方曰夷，来风曰韦——处西北隅以司日月之长短①。

【注释】

①司日月之长短：郭璞释之云："言察日月晷度之节。"

【原文】

有五采之鸟，有冠，名曰狂鸟①。

有大泽之长山。有白氏之国。

西北海之外，赤水之东，有长胫之国。

有西周之国，姬姓，食谷。有人方耕，名曰叔均。帝俊生后稷，稷降以百谷②。稷之弟曰台玺，生叔均。叔均是代其父及稷播百谷，始作耕。有赤国妻氏。有双山。

【注释】

①狂鸟：即凤凰之类也。

②降以百谷：袁珂校注释之曰："经文'稷降以百谷'者，谓稷自天降嘉谷之种以为农殖之需，稷之神性于此可见。"

【原文】

西海之外，大荒之中，有方山者，上有青树，名曰柜格之松，日月所出入也。

西北海之外，赤水之西，有先民之国，食谷，使四鸟。

有北狄之国。黄帝之孙曰始均，始均生北狄。

有芒山。有桂山。有榣山①。其上有人，号曰太子长琴。颛顼生老童，老童生祝融，祝融生太子长琴，是处榣山，始作乐风②。

【注释】

①榣山：郭璞释之云："此山多桂及榣木，因名云耳。"榣，音"摇"。

②乐风：郭璞释之云："创制乐风曲也。"

【原文】

有五采鸟三名：一曰皇鸟，一曰鸾鸟，一曰凤鸟。

有虫状如菟①，胷以后者裸不见②，青如猿状。

【注释】

①菟：兔也。郝懿行注云："菟、兔通。此兽也，谓之虫者，自人及

大荒之中，有山名曰日月山，天枢也。有玄丹之山，有五色之鸟，人面有发。有兽，左右有首，名曰屏蓬。有金门之山，有赤犬，名曰天犬。

鸟兽之属，通谓之虫，见《大戴礼记·易本命篇》。"

②裸不见：郭璞释之云："言皮色青，故不见其裸露处。"

【原文】

大荒之中，有山名曰丰沮玉门，日月所入。

有灵山①，巫咸、巫即、巫盼、巫彭、巫姑、巫真、巫礼、巫抵、巫谢、巫罗十巫，从此升降，百药爰在。

【注释】

①灵山：袁珂校注云："疑即巫山。"

【原文】

西有王母之山①、壑山、海山。有沃之国，沃民是处。沃之野，凤鸟之卵是食，甘露是饮。凡其所欲，其味尽存②。爰有甘华、甘柤、白柳、视肉、三骓、璇瑰③、瑶碧、白木④、琅玕、白丹、青丹，多银铁。鸾凤自歌，凤鸟自舞，爰有百兽，相群是处，是谓沃之野。

【注释】

①西有王母之山：据袁珂校注，当为有西王母之山。

②凡其所欲，其味尽存：郭璞释之云："言其所愿滋味，此无所不备。"

③璇瑰：玉也。

④白木：郭璞释之云："树色正白。今南方有文木，亦黑木也。"

【原文】

有三青鸟，赤首黑目，一名曰大鵹①，一名曰少鵹，一名曰青鸟。

有轩辕之台，射者不敢西乡，畏轩辕之台。

大荒之中，有龙山，日月所入。有三泽水，名曰三淖②，昆吾之所食③也。

【注释】

①鵹：音"黎"。

②淖：音"闹"。

③食：郝懿行注云："食谓食其国邑。"

【原文】

有人衣青，以袂①蔽面，名曰女丑之尸。

【注释】

①袂：音"妹"，衣袖也。

【原文】

有女子之国。

有桃山。有𧒽①山。有桂山。有于土山。

有丈夫之国②。

【注释】

①蝱：音"芒"。

②丈夫之国：郭璞释之云："其国无妇人也。"

【原文】

有䍪①州之山，五采之鸟仰天②，名曰鸣鸟③。爰有百乐歌舞之风。

【注释】

①䍪：音"言"。

②仰天：郭璞释之云："张口嘘天。"

③鸣鸟：郝懿行释之云："鸣鸟盖凤属也。"袁珂校注云："鸣鸟即《海内西经》之孟鸟，凤类也。"

【原文】

有轩辕之国。江山之南栖为吉。不寿者乃八百岁。

西海陼①中，有神，人面鸟身，珥两青蛇，践两赤蛇，名曰弇兹。

【注释】

①陼：同"渚"。

【原文】

大荒之中，有山名日月山，天枢也。吴姖①天门，日月所入。有神，人面无臂，两足反属②于头山，名曰嘘。颛顼生老童，老童生重及黎，帝令重献上天，令黎邛下地③，下地是生噎④，处于西极，以行日月星辰之行次⑤。

【注释】

①姖：音"巨"。

②反属：言反缚也。

③重献上天、黎邛下地：郭璞释之云："古者人神杂扰无别，颛顼乃命南正重司天以属神，命火正黎司地以属民。重寔上天，黎寔下地。献、邛，义未详也。"

④下地是生噎：袁珂校注云："此噎即上文之噓，亦即《海内经》之噎鸣。《海内经》云：'后土生噎鸣。'而'黎邛下地'，是黎即后土也；黎所生之噎亦即后土所生之噎鸣也。"

⑤行日月星辰之行次：郭璞注云："主察日月星辰之度数次舍也。"

【原文】

有人反臂，名曰天虞。

有女子方浴月。帝俊妻常羲，生月十有二，此始浴之。

有玄丹之山。有五色之鸟，人面有发。爰有青鸡①、黄鹜②，青鸟、黄鸟，其所集者其国亡。

【注释】

①鸡：郭璞注云："音'文'。"

②鹜：音"敖"。

【原文】

有池，名孟翼①之攻颛顼之池。

【注释】

①孟翼：郭璞注云："孟翼，人姓名。"袁珂校注云："孟翼之攻颛顼之池者，盖犹此经上文禹攻共工国山，皆因事以名地也。孟翼或亦共工之类，其攻颛顼者，亦黄炎斗争之余绪也。"

【原文】

大荒之中，有山，名曰鏖鏊①钜，日月所入者。

【注释】

①鏖：音"熬"。鏊：音"傲"。

【原文】

有兽，左右有首，名曰屏蓬①。

【注释】

①屏蓬：郭璞注云："即并封也。"

【原文】

有巫山者。有壑山者。有金门之山，有人名曰黄姖之尸。有比翼之鸟。有白鸟青翼，黄尾，玄喙。有赤犬，名曰天犬，其所下者有兵。

西海之南，流沙之滨，赤水之后，黑水之前，有大山，名曰昆仑之丘。有神①——人面虎身，有文有尾，皆白——处之。其下有弱水之渊环之，其外有炎火之山②，投物辄然③。有人戴胜，虎齿，有豹尾，穴处，名曰西王母。此山万物尽有。

　　大荒之中，有山名曰常阳之山，日月所入。

【注释】

①神：袁珂校注引《西次三经》云："昆仑之丘，实惟帝之下都，神陆吾司之。其神状虎身而九尾，人面而虎爪。是神也，司天之九部，及帝之囿时。"即此神。

②炎火之山：郭璞注云："今去扶南东万里，有耆薄国；东复五千里许，有火山国，其山虽霖雨，火常然。火中有白鼠，时出山边求食，人捕得之，以毛作布，今之火澣布是也。"即此山之类。袁珂引《神异经·南荒经》云："南荒外有火山，其中生不尽之木，昼夜火然，得暴风不猛，猛雨不灭。不尽木中有鼠，重千斤，毛长二尺余，细如丝。但居火中洞赤，时时出外而毛白，以水逐而沃之即死。取其毛绩纺，织以为布用之；若有垢浣，以火烧之则净。"

③然：同"燃"。

【原文】

　　有寒荒之国。有二人女祭、女薎①。

【注释】

① 蔑：同"蔑"。女蔑：即女戚也。

【原文】

有寿麻之国。南岳娶州山女，名曰女虔。女虔生季格，季格生寿麻。寿麻正立无景，疾呼无响①。爰有大暑，不可以往②。

【注释】

① 无景、无响：郭璞释之云："言其禀形气有异于人也。《列仙传》曰：'玄俗无景'。"景：同"影"。

② 不可以往：郭璞注云："言热炙杀人也。"袁珂引王逸注《楚辞·招魂》"西方之害，其土烂人，求水无所得些"云，言西方之土温暑而热，燋烂人肉，渴欲求水，无有源泉，不可得之。亦此类也。

【原文】

有人无首，操戈盾立，名曰夏耕之尸。故成汤伐夏桀于章山，克之，斩耕厥①前。耕既立，无首，走厥咎②，乃降于巫山③。

【注释】

① 厥：其也。

② 走厥咎：郭璞释之云："逃避罪也。"

③ 降于巫山：郭璞释之云："自窜于巫山。巫山今在建平巫县。"

【原文】

有人名曰吴回,奇左①,是无右臂。

【注释】

①吴回:祝融弟,亦为火正也。奇左:郭璞释之云,"即奇肱也。"

【原文】

有盖山之国。有树,赤皮支干,青叶,名曰朱木。

有一臂民。

大荒之中,有山名曰大荒之山,日月所入。有人焉三面,是颛顼之子,三面一臂,三面之人不死,是谓大荒之野。

西南海之外,赤水之南,流沙之西,有人珥两青蛇,乘两龙,名曰夏后开①。开上三嫔于天②,得《九辩》与《九歌》以下③。此天穆之野,高二千仞,开焉得始歌《九招》④。

【注释】

①夏后开:袁珂校注云:"开即启也,汉人避景帝(刘启)讳改。"

②上三嫔于天:郝懿行释之曰,《离骚》云:启《九辩》与《九歌》。《天问》云:"启棘宾商,《九辩》《九歌》。"是宾、嫔古字通。棘与亟同。盖谓启三度宾于天帝,而得九奏之乐也。故《归藏·郑母经》云:"夏后启筮,御飞龙登于天,吉。"正谓此事。

③《九辩》、《九歌》:郭璞释之云:"皆天帝乐名也,开登天而窃以

下用之也。"

④《九招》：即九韶也。

【原文】

有氐人之国①。炎帝之孙名曰灵恝②，灵恝生氐人，是能上下于天③。

【注释】

①氐人之国：郭璞释之云："人面鱼身。"

②恝：音"家"。

③上下于天：郭璞释之云："言能乘云雨也。"

【原文】

有鱼偏枯，名曰鱼妇。颛顼死即复苏①。风道②北来，天乃大水泉③，蛇乃化为鱼，是为鱼妇。颛顼死即复苏。

【注释】

①死即复苏：郭璞释之云："言其人能变化也。"

②道：犹从也。

③大水泉：郭璞释之云："言泉水得风暴溢出。"

【原文】

有青鸟，身黄，赤足，六首，名曰䴅鸟①。

有大巫山。有金之山。西南，大荒之隅，有偏句、常羊之山。

【注释】

①鸀：郭璞注云："音'触'。"袁珂引《海内西经》云："开明南有树鸟，六首。"疑即此。

卷十七 大荒北经

【原文】

东北海之外，大荒之中，河水之间，附禺之山，帝颛顼与九嫔葬焉。爰有鸱久、文贝、离俞、鸾鸟、凤鸟、大物、小物①。有青鸟、琅鸟、玄鸟、黄鸟、虎、豹、熊、罴、黄蛇、视肉、璿、瑰、瑶、碧，皆出卫于山。丘方圆三百里，丘南帝俊竹林在焉，大可为舟②。竹南有赤泽水，名曰封渊。有三桑无枝，皆高百仞。丘西有沈渊，颛顼所浴。

【注释】

① 大物、小物：郭璞释之云："言备有也。"王崇庆注云："大物小物，皆殉葬之具也。"

② 大可为舟：郭璞释之云："言舜林中竹一节则可以为船也。《玉篇》云：䈽竹长千丈，为大船也；生海畔。"即此类。

有系昆之山者，有共工之台，有人衣青衣，名曰黄帝女魃。有山名曰融父山，有人名曰犬戎。有人一目，当面中生。西北海外，黑水之北，有人有翼，名曰苗民。有章尾山，有神，人面蛇身而赤，直目正乘，其瞑乃晦，其视乃明，不食，不寝，不息，风雨是谒。是烛九阴，是谓烛龙。

【原文】

有胡不与之国①，烈姓，黍食。

【注释】

①胡不与之国：郭璞释之云："一国复名耳，今胡夷语皆通然。"

【原文】

大荒之中，有山，名曰不咸。有肃慎氏之国。有蜚蛭①，四翼。有虫，兽首蛇身，名曰琴虫。

【注释】

①蜚蛭：音"匪至"。

【原文】

有人名曰大人。有大人之国，釐姓，黍食。有大青蛇，黄头，食麈。

有榆山。有鲧攻程州之山。

大荒之中，有山名曰衡天。有先民之山。有槃木千里。

有叔歜①国。颛顼之子，黍食，使四鸟：虎、豹、熊、罴。有黑虫如熊状，名曰猎猎②。

【注释】

①歜：音"触"。

②猎：音"西"，《玉篇》云：兽名。

【原文】

有北齐之国，姜姓，使虎、豹、熊、罴。

大荒之中，有山名曰先槛大逢之山，河济所入，海北注焉。其西有山，名曰禹所积石。

有阳山者。有顺山者，顺水出焉。有始州之国，有丹山。

有大泽方千里，群鸟所解。

有毛民之国，依姓，食黍，使四鸟。禹生均国，均国生役采，役采生修䩖①，修䩖杀绰人。帝念之，潜为之国②，是此毛民。

【注释】

①䩖：音"革"。

②潜为之国：郭璞释之云："潜密用之为国。"

【原文】

有儋耳之国，任姓，禺号①子②，食谷。北海之渚中，有神，人面鸟身，珥两青蛇，践两赤蛇，名曰禺疆。

【注释】

①禺号：神名也。

②子：子裔也。

【原文】

大荒之中,有山名曰北极天柜,海水北注焉。有神,九首人面鸟身,名曰九凤。又有神,衔蛇操蛇,其状虎首人身,四蹄①长肘,名曰彊良。

【注释】

①蹄:同"蹄"。

【原文】

大荒之中,有山名曰成都载天。有人珥两黄蛇,把两黄蛇,名曰夸父。后土生信,信生夸父。夸父不量力,欲追日景,逮之于禺谷。将饮河而不足也,将走大泽,未至,死于此。应龙已杀蚩尤,又杀夸父,乃去南方处之,故南方多雨①。

【注释】

①南方多雨:郭璞释之云:"言龙水物,以类相感故也。"

【原文】

又有无肠之国,是任姓,无继子①,食鱼。

【注释】

①无继子:据袁珂校注云,此言无肠国人乃无启(继)国人之裔也。

【原文】

共工之臣名曰相繇①，九首蛇身，自环②，食于九土③。其所歍所尼④，即为源泽⑤，不辛乃苦⑥，百兽莫能处⑦。禹湮洪水，杀相繇⑧，其血腥臭，不可生谷，其地多水，不可居也。禹湮之，三仞三沮⑨，乃以为池，群帝因是以为台⑩。在昆仑之北。

【注释】

①相繇：即相柳也。

②自环：郭璞释之云："言转旋也。"

③食于九土：郭璞释之云："言贪残也。"

④歍：音"乌"，呕吐也。尼：停止也。郭璞注云："歍，呕，犹喷咤。尼，止也。"

⑤即为源泽：袁珂校注云："此谓相繇之气力能使其所歍所尼者成为源泽。"

⑥不辛乃苦：郭璞释之云："言气酷烈。"

⑦莫能处：郭璞释之云："言畏之也。"袁珂校注云："谓畏源泽之辛苦。"

⑧杀相繇：郭璞释之云："禹塞洪水，由以溺杀之也。"袁珂校注云："由，因缘也，谓禹塞洪水，因以溺杀相繇也。"

⑨三沮：郭璞释之云："言禹以土塞之，地陷坏也。"

⑩为台：郭璞释之云："地下宜积土，故众帝因来在此共作台。"

【原文】

有岳之山，寻竹生焉。

大荒之中，有山名不句，海水北入焉。

有系昆之山者，有共工之台，射者不敢北乡。有人衣青衣，名曰黄帝女魃。蚩尤作兵伐黄帝，黄帝乃令应龙攻之冀州之野。应龙畜水，蚩尤请风伯雨师，纵大风雨。黄帝乃下天女曰魃，雨止，遂杀蚩尤。魃不得复上，所居不雨①。叔均言之帝，后置之赤水之北。叔均乃为田祖②。魃时亡之③。所欲逐之者，令曰：神北行！先除水道，决通沟渎。

【注释】

①不雨：郭璞释之云："旱气在也。"
②田祖：郭璞释之云："主田之官。《诗》（《大田》）云：田祖有神。"
③亡之：郝懿行释之云："亡谓善逃逸也。"

【原文】

有人方食鱼，名曰深目民之国，盼①姓，食鱼。

【注释】

①盼：音"坟"。

【原文】

有钟山者。有女子衣青衣，名曰赤水女子魃。

大荒之中，有山名曰融父山，顺水入焉。有人名曰犬戎。黄帝生苗龙，苗龙生融吾，融吾生弄明，弄明生白犬，白犬有牝牡，是为犬戎，肉食。有赤兽，马状无首，名曰戎宣王尸①。

有山名曰齐州之山、君山、鬵②山、鲜野山、鱼山。

【注释】

①戎宣王尸：郭璞释之云："犬戎之神名也。"
②鬵：音"潜"。

【原文】

有人一目，当面中生，一曰是威姓，少昊之子，食黍。

有继无民，无继民任姓，无骨①子，食气、鱼②。

【注释】

①无骨：据袁珂校注，即牛黎之国，亦即《海外北经》柔利国也。柔利、牛黎音皆相近。
②食气、鱼：郝懿行释之云："食气、鱼者，此人食气兼食鱼也。《大戴礼记·易本命篇》云：'食气者神明而寿'。"

【原文】

西北海外，流沙之东，有国曰中䡢①，颛顼之子，食黍。

【注释】

①鶣：音"扁"。

【原文】

有国名曰赖丘。有犬戎国。有人，人面兽身，名曰犬戎。

西北海外，黑水之北，有人有翼，名曰苗民。颛顼生驩①头，驩头生苗民，苗民釐姓，食肉。有山名曰章山。

【注释】

①驩：音"欢"。

【原文】

大荒之中，有衡石山、九阴山、泂野之山，上有赤树，青叶，赤华，名曰若木。

有牛黎之国①。有人无骨，儋耳之子。

【注释】

①牛黎之国：袁珂校注云："即《海外北经》柔利国也，其人反劗曲足居上，故此经云'无骨'矣。"

【原文】

西北海之外，赤水之北，有章尾山。有神，人面蛇身而赤，身长千里，直目正乘①，其瞑乃晦，其视乃明，不食，不寝，不息，风雨是谒②。是烛九阴③，是谓烛龙。

【注释】

①直目正乘：郭璞释之云："直目，目从也。正乘未闻。"袁珂校注云："此言烛龙之目合缝处直也。"

②风雨是谒：谓以风雨为食也。谒，同"噎"。

③烛九阴：郭璞释之云："照九阴之幽阴也。"

卷十八　海内经

【原文】

东海之内，北海之隅，有国名曰朝鲜、天毒，其人水居，偎人爱之①。

【注释】

①偎人爱之：袁珂校注以为当正作"偎人爱人"。偎人爱之，意谓有仁慈博爱之心。《列子·黄帝篇》云："列姑射山，有神人，不偎不爱，仙圣为之臣。"偎，音"畏"，《玉篇》云："偎，爱也。"

【原文】

西海之内，流沙之中，有国名曰壑①市。

【注释】

①壑：音"贺"。

有嬴民，鸟足。有人曰苗民。有神焉，人首蛇身，名曰延维。北海之内，有蛇山者。有五采之鸟，飞蔽一乡，名曰翳鸟。有钉灵之国，其民从䣛以下有毛，马蹄善走。

【原文】

西海之内，流沙之西，有国名曰氾叶。

流沙之西，有鸟山者，三水出焉①。爰有黄金、璿瑰②、丹货、银、铁，皆流于此中③。又有淮山，好水出焉。

【注释】

①三水出焉：郭璞注云："三水同出一山也。"则此处不宜将"三水"理解为名为"三水"的河流。

②璿瑰：玉也。

③流于此中：郭璞释之云："言其中有杂珍奇货也。"

【原文】

流沙之东，黑水之西，有朝云之国、司彘之国。黄帝妻雷祖①，生昌意②，昌意降处若水③，生韩流。韩流擢首、谨耳④、人面、豕喙、麟身、渠股⑤、豚止⑥，取淖子曰阿女，生帝颛顼。

【注释】

①妻雷祖：娶雷祖为妻。妻，娶妻，此处乃作动词使用。

②昌意：人名，据传为黄帝之子。

③降处若水：《史记·五帝本纪》云："昌意降居若水。"司马贞索隐云："降，下也，言帝子为诸侯。若水在蜀，即所封国也。"袁珂校注曰："其本义当为自天下降，谪居若水。"

④擢首、谨耳：郭璞释之云："擢首，长咽；谨耳，未闻。"郝懿行引

《说文》注云:"颛,头颛颛谨貌;顼,头顼顼谨貌。"即谨耳之义。

⑤渠股:郭璞释之云:"渠,车辋,言骈脚也。《大传》曰:大如车渠。"

⑥止:即足之本字。

【原文】

流沙之东,黑水之间,有山名不死之山。

华山青水之东,有山名曰肇山,有人名曰柏子高,柏子高上下于此,至于天①。

【注释】

①至于天:郭璞释之云:"言翱翔云天,往来此山也。"袁珂校注云:"柏高上下于此,至于天"者,言柏高循此山而登天也,此山盖山中之天梯也。

【原文】

西南黑水之间,有都广之野,后稷葬焉。其城方三百里,盖天地之中,素女所出也。爰有膏菽、膏稻、膏黍、膏①稷,百谷自生,冬夏播琴②。鸾鸟自歌,凤鸟自舞,灵寿③实华,草木所聚④。爰有百兽,相群爰处⑤。此草⑥也,冬夏不死。

【注释】

①膏:郭璞释之云:"言味好皆滑如膏。"

②播琴:即播种也。

③灵寿：郭璞释之云："灵寿，木名也，似竹，有枝节。"
④草木所聚：郭璞释之云："在此丛殖也。"
⑤相群爰处：郭璞释之云："于此群聚。"
⑥此草：郝懿行释之云："犹言此地之草，古文省耳。"

【原文】

南海之外，黑水青水之间，有木名曰若木，若水出焉。

有禺中之国。有列襄之国。有灵山，有赤蛇在木上，名曰蝡①蛇，木食②。

【注释】

①蝡：音"软"。
②木食：郭璞释之云："言不食禽兽也。"

【原文】

有盐长之国。有人焉鸟首，名曰鸟氏。

有九丘，以水络①之：名曰陶唐之丘、有叔得之丘、孟盈之丘、昆吾之丘、黑白之丘、赤望之丘、参卫之丘、武夫之丘、神民之丘。有木，青叶紫茎，玄华黄实，名曰建木，百仞无枝，有九欘②，下有九枸③，其实如麻，其叶如芒④，大皞⑤爰过，黄帝所为⑥。

【注释】

①络：环绕也。

②橘：音"竹"，郭璞释之云："枝回曲也。"《玉篇》云："橘，枝上曲。"

③枸：郭璞释之云："根盘错也。"《淮南子·说林篇》曰："木大则根瞿。音'劬'。"

④芒：郭璞释之云："芒木似棠梨也。"

⑤大皞：言众帝之光彩也；代指上天之众帝。皞，音"浩"。

⑥为：据袁珂校注，此处当是施为之意，盖言此天梯建木，为宇宙最高统治者之黄帝所造作、施为者也。

【原文】

有窫窳，龙首，是食人。有青兽，人面，名曰猩猩。

西南有巴国。大皞①生咸鸟，咸鸟生乘釐，乘釐生后照，后照是始为巴人。

【注释】

①大皞：此处代指伏羲。

【原文】

有国名曰流黄辛氏，其域中方三百里，其出是尘土①。有巴遂山，渑水出焉。

【注释】

①其出是尘土：据袁珂校注，当作其出是塵，言此国之出产唯塵也。

【原文】

又有朱卷之国。有黑蛇，青首，食象。

南方有赣巨人，人面长臂，黑身有毛，反踵，见人笑亦笑，唇蔽其面，因即逃也。

又有黑人，虎首鸟足，两手持蛇，方啖之。有嬴民，鸟足。有封豕①。

【注释】

①封豕：郭璞释之云："大猪也，羿射杀之。"袁珂校注云："封豕或为王亥二字之讹。"封，大也；豕，音"史"，猪也。

【原文】

有人曰苗民。有神焉，人首蛇身，长如辕①，左右有首，衣紫衣，冠旃②冠，名曰延维③，人主得而飨食之，伯天下。

【注释】

①辕：辕木也。

②旃：同"毡"。

③延维：郭璞释之云："委蛇。"

【原文】

有鸾鸟自歌，凤鸟自舞。凤鸟首文曰德，翼文曰顺，膺文曰仁，背文曰义，见则天下和。

又有青兽如菟，名曰菌狗。有翠鸟。有孔鸟①。

【注释】

①孔鸟：即孔雀也。

【原文】

南海之内有衡山。有菌山。有桂山。有山名三天子之都。

南方苍梧之丘，苍梧之渊，其中有九嶷山，舜之所葬，在长沙零陵界中。

北海之内，有蛇山者，蛇水出焉，东入于海。有五采之鸟，飞蔽一乡，名曰翳鸟①。又有不距之山，巧倕②葬其西。

【注释】

①翳鸟：郭璞释之云："凤属也。"

②巧倕：郭璞释之云："倕，尧巧工也。"袁珂校注云："此巧倕即义均也。"倕，音"垂"。

【原文】

北海之内，有反缚盗械①、带戈常倍之佐②，名曰相顾之尸。

【注释】

①盗械：吴任臣引《汉纪》云"当盗械者皆颂系"，注云："凡以罪著械皆得称盗械。"

②倍：同"背"，悖逆也。佐：臣佐也。

【原文】

伯夷父生西岳，西岳生先龙，先龙是始生氐羌，氐羌乞姓。

北海之内，有山，名曰幽都之山，黑水出焉。其上有玄鸟、玄蛇①、玄豹、玄虎、玄狐蓬尾。有大玄之山。有玄丘之民。有大幽之国。有赤胫之民。

【注释】

①玄蛇：《大荒南经》云：黑水之南，有玄蛇食麈。即此也。

【原文】

有钉灵之国，其民从䣙以下有毛，马蹄善走。

炎帝之孙伯陵，伯陵同吴权①之妻阿女缘妇，缘妇孕三年，是生鼓、延、殳②。始为侯③，鼓、延是始为钟，为乐风④。

【注释】

①同：郭璞释之云："同犹通，言淫之也。吴权，人姓名。"

②殳：音"殊"。

③始为侯：袁珂校注云："经文始为侯上疑脱殳字。侯，射侯也。"

④为乐风：郭璞释之云："作乐之曲制。"

【原文】

黄帝生骆明，骆明生白马，白马是为鲧。

帝俊生禺号，禺号生淫梁，淫梁生番禺，是始为舟。番禺生奚仲，奚仲生吉光，吉光是始以木为车。

少皞生般，般是始为弓矢。

帝俊赐羿彤弓素矰①，以扶下国②，羿是始去恤下地之百艰。

【注释】

①彤弓素矰：郭璞释之云："彤弓，朱弓；矰，矢名，以白羽羽之。"

②以扶下国：郭璞释之云："言令羿以射道除患，扶助下国。"

【原文】

帝俊生晏龙，晏龙是为琴瑟。

帝俊有子八人，是始为歌舞。

帝俊生三身，三身生义均，义均是始为巧倕，是始作下民百巧。后稷是播百谷。稷之孙曰叔均，始作牛耕。大比赤阴①，是始为国②。禹鲧是始布③土，均定九州岛。

【注释】

①大比赤阴：袁珂校注云："大比、赤阴，疑均当是人名。'大比'或即'大妣'之坏文，赤阴或即后稷之母姜原，以与姜原音近也。"

②始为国：郭璞释之云："得封为国。"

③布：布撒也。郭璞注云："布犹敷也。《书》曰：'禹敷土，定高山大川'。"

【原文】

　　炎帝之妻，赤水之子听訞生炎居，炎居生节并，节并生戏器，戏器生祝融，祝融降处于江水，生共工。共工生术器，术器首方颠，是复土穰①，以处江水。共工生后土，后土生噎鸣，噎鸣生岁十有二②。

【注释】

　　①复土穰：郭璞释之云："复祝融之所也。"
　　②岁十有二：据袁珂校注云，当谓噎鸣生十二岁或噎鸣生一岁之十二月。《大荒西经》云："黎（后土）下地是生噎，处于西极，以行日月星辰之行次。"即此噎鸣，盖时间之神也。

【原文】

　　洪水滔①天。鲧窃帝之息壤②以堙洪水，不待帝命。帝令祝融杀鲧于羽郊。鲧复③生禹。帝乃命禹卒布土以定九州岛。

【注释】

　　①滔：郭璞释之云："漫也。"
　　②帝：据袁珂校注，乃黄帝也。息壤：郭璞释之云："息壤者，言土自长息无限，故可以塞洪水也。汉元帝时，临淮徐县地踊长五六里，高二丈，即息壤之类也。"
　　③复：腹也。